사법연수원

민사판결서 작성론

[이유편]

사법발전재단

일러두기

1. 이 교재에서 사용한 약어의 사용례는 다음과 같다.

(1) 민사소송법
→ 민사소송법(2023. 4. 18. 법률 제19354호)

(2) 규칙
→ 민사소송규칙(2021. 10. 29. 대법원규칙 제3001호)

(3) 민집
→ 민사집행법(2022. 1. 4. 법률 제18671호)

(4) 구법, 구 민사소송법
→ 2002. 1. 26. 법률 제6626호로 전부 개정되기 전의 민사소송법

(5) 재일 2000-1
→ 대법원 재판예규 일반 2000-1호

(6) 재민 86-5
→ 대법원 재판예규 민사 86-5호

(7) (全)
→ 전원합의체 판결 또는 결정

2. ( ) 안에 조문만 표시한 것은 민사소송법(2023. 4. 18. 법률 제19354호)의 해당 법조문을 가리킨다.

일러두기

3. 이 책에서 인용한 예규와 문헌의 표기방법은 다음과 같다.

가. 예규

(1) 판결서 작성방식의 개선을 위한 참고사항(1991. 2. 7. 재판예규 제316호)

☞ 판결서 작성방식의 개선을 위한 참고사항

(2) 판결서 작성방식에 관한 권장사항(1998. 8. 20. 재판예규 제625-1호)

☞ 판결서 작성방식에 관한 권장사항

나. 문헌

(1) 사법연수원, 민사실무 II (2019)

☞ 민사실무 II

(2) 사법연수원, 민사판결서 작성의 기초 (2019)

☞ 민사판결서 작성의 기초

(3) 사법연수원, 새로운 판결서 작성방식 (2017)

☞ 새로운 판결서 작성방식

(4) 사법연수원, 요건사실론 (2019)

☞ 요건사실론

(5) 서울중앙지방법원, 새로 쓰는 민사판결서, 사법발전재단 (2015)

☞ 새로 쓰는 민사판결서

4. 이 책은 민사판결서 작성에 관한 기본적이고 중요한 사항을 〈민사실무 II〉, 〈민사판결서 작성의 기초〉를 바탕으로 하여 〈새로운 판결서 작성방식〉, 〈새로 쓰는 민사판결서〉 및 실무례를 참조하여 정리한 것이고, 그 내용이 반드시 법원의 공식적인 견해를 나타내는 것은 아니다.

차 례

제1장 | 서설

제2장 | 판결서 이유 구성

제3장 | 판결서의 끝부분

제4장 | 바람직한 판결서 문장

제1장

서 설

제1장

서 설

제1절 판결서의 기능 및 구성

1. 기능

가. 본질적 기능

판결서의 기능은 독자가 누구인지와 밀접하게 관련되어 있다. 일반적으로 판결서가 가지는 본질적 기능은 다음과 같다.

1) 당사자에 대한 보고적 기능: 당사자에게 그가 받은 판결의 내용을 정확하게 알려 줌으로써 그 판결에 대하여 승복할 것인지 여부를 결정할 수 있게 한다.

2) 상급법원에 대한 심리기초 형성 기능: 원심법원이 어떠한 사실상·법률상 이유에 의하여 어떻게 재판하였는가를 나타내줌으로써 그 당부를 심판하는 기초를 제공한다.

3) 판결 효력 범위의 명확화 기능: 판결의 효력, 즉 기판력, 집행력, 형성력이 미치는 범위를 명확히 알 수 있다.

나. 부수적 기능

판결서는 또한 다음과 같은 부수적인 기능도 한다.

1) 검토 기능: 판결서 작성과정에서 법관 스스로 추론과정을 명료하게 하고 충분한

선례에 의하여 지지되는지, 법률의 해석·적용에 잘못은 없는지 등을 재검토하게 되어 판결의 공정성, 정확성을 기할 수 있다.

2) 공시 기능: 일반 국민에 대한 관계에서, 구체적인 사건의 판결을 통하여 공정한 법 운용과 법의 해석적용에 관한 법원의 입장을 공시한다.

3) 보존 기능: 판결서는 그 사건에 대한 당사자의 주장과 증명 등 소송과정, 그에 대한 법원의 판단이 기재된 일종의 기록으로서의 보존적 가치를 가진다. 소송기록은 5년간 보존되는 데 비하여 판결서는 영구 보존된다.[1)]

따라서 소송기록의 폐기 후 판결서의 기재만으로도 사건을 특정할 수 있도록 하기 위하여 판결서에는 판결의 실질적 기재사항뿐만 아니라 법원의 표시, 사건번호, 사건명, 당사자 성명 등 소송관계자에게 이미 자명한 사항까지 기재하는 것이다.

2. 구성

가. 필수적 기재사항

판결서에 반드시 기재하여야 할 사항은, ① 당사자와 법정대리인, ② 주문, ③ 청구의 취지 및 상소의 취지, ④ 이유, ⑤ 변론을 종결한 날짜(변론 없이 하는 무변론 판결의 경우에는 판결을 선고하는 날짜), ⑥ 법원, ⑦ 법관의 서명날인의 일곱 가지이다(제208조).

나. 판결서 양식

재판서의 작성 양식은 '재판서 양식에 관한 예규(재일 2003-12)'에 규정되어 있는데, 판결서에 위 일곱 가지 사항 외에도 몇 가지 사항을 추가하여 일정한 순서에 따라 배열하여 기재하도록 하고 있다. 이를 순서대로 적어보면 다음과 같고, 위 양식에 따른 판결서의 기재례는 다음 면과 같다.

---

1) 법원재판사무 처리규칙 제29조, [별표2], 재판서·사건기록 등의 보존에 관한 예규(재일 2005-2) 제7조, [별표] 참조

1) 법원명과 재판부의 표시

2) 표제

3) 사건의 표시

4) 당사자 및 그 법정대리인과 소송대리인 등 소송관계인의 표시

5) 원심판결의 표시(상소심판결에 한함)

6) 변론종결일(변론 없이 판결하는 경우에는 날짜 대신 '무변론'이라고 표시)

7) 판결선고일(민사소송법에서는 무변론 판결의 경우에 변론종결일 대신 판결선고일을 기재하도록 하고 있으나, 위 예규는 모든 판결에 대하여 이를 기재하도록 하고 있음)

8) 주문

9) 청구취지 및 항소취지(후자는 항소심판결에 한함)

10) 이유

11) 판결서 작성일(판결선고일을 표시하는 판결에는 생략)

12) 판결한 법관의 표시 및 서명날인[2)]

---

2) 현재 전자문서로 작성되는 판결서의 서명날인은 전자서명의 방식으로 이루어지고 있다(민사소송 등에서의 전자문서 이용 등에 관한 법률 제7조, 제10조).

서 울 중 앙 지 방 법 원

제 1 5 민 사 부

판 결

사 건	2024가합1234 대여금
원 고	김갑동
	서울 서초구 서초로 234(서초동)
	소송대리인 변호사 이삼순
피 고	홍길동
	서울 서초구 반포대로 4(반포동)
변 론 종 결	2024. 4. 20.
판 결 선 고	2024. 5. 4.

주 문

1. 피고는 원고에게 ·········· 하라.
2. ················ 한다.

청 구 취 지

································하라.

이 유

···

············· 주문과 같이 판결한다.

재판장	판사	김일남	(서명)	㉤
	판사	이이숙	(서명)	㉤
	판사	박삼수	(서명)	㉤

제2절 판결이유의 구조[3)]

1. 민사판결의 기본구조

민사소송에서 법원은 원고가 소송물로 주장한 일정한 권리 또는 법률관계의 존부에 관하여 판단한다. 해당 권리의 존부에 관한 판단은 그 권리의 발생은 인정되는가, 그 후 그 권리가 소멸하였는가, 나아가 그 소멸 효과의 발생에 장애사유는 없는가 하는 등의 과정을 거쳐 결론에 이르게 된다.[4)]

2. 삼단논법

판결서의 이유는 판결의 결론인 주문에 도달하게 된 논리적 판단과정을 설명하는 부분으로서, 확정된 '사실'을 소전제로 하고 거기에 대전제인 '법규'를 적용하여 당사자가 주장하는 결론인 '법률효과'에 도달할 수 있는가의 여부를 판단하는 구조를 취한다.

가. 사실의 확정

1) 증거의 설시

청구원인과 항변을 판단하는 각 단계에서 사실을 인정할 때에는 그 사실인정의 기초가 된 증거들을 모아 열거한 다음 그에 의하여 법원이 인정하게 된 사실을 요령 있게 설시하고, 이어서 이에 배치되는 증거(반증)들을 모아서 열거하고 이들에 대하여는 믿지 아니한다는 취지를 설시하는 판시 등을 하게 된다.

2) 인정사실의 설시

청구원인과 항변을 판단하는 각 단계에서 법원이 인정한 사실을 설시할 때에는, 그 설시의 범위가 강학상의 이른바 요건사실과 일치하도록(요건사실의 누락이 없어야 할

---

3) 후술하는 판결서 이유 체제의 전통적 방식을 전제로 설명한다.

4) 요건사실론, 3쪽

뿐만 아니라 불필요한 사실이 추가되어서도 아니 된다) 주의를 기울여야 한다.

견해의 대립이 있지만 요건사실이란 권리 또는 법률관계의 발생, 소멸, 저지 등의 각 법률효과가 생기는 요건으로 각 실체법규에 규정되어 있는 것(법률요건 또는 구성요건)에 해당하는 구체적 사실로 보는 것이 실무상 편리한 점이 많다. 이때의 요건사실이란 주요사실·간접사실의 구별에서 말하는 주요사실과 동의어라고 할 수 있다.[5)]

요건사실은 권리발생의 요건이 되는 권리근거사실과 그 반대의 요건이 되는 권리장애사실, 권리행사저지사실, 권리소멸사실로 분류되는데, 이는 통설인 법률요건분류설에 의한 증명책임분배의 기준이 되기도 한다. 즉, 통상적으로 전자에 대하여는 권리주장자가, 후자의 세 가지에 대하여는 상대방이 각각 증명책임을 부담한다.

그리고 주요사실(요건사실)에 관하여는 어디까지나 당사자의 주장을 기초로 하여 판단하여야 하고 당사자가 주장하지 아니한 것을 기초로 하여 판단할 수 없으나, 변론주의의 적용을 받지 아니하는 간접사실과 보조사실은 그러하지 아니하다.[6)] 즉, 판결의 기초가 되는 권리의 발생, 소멸 등 법률효과의 존부 판단에 직접 필요한 주요사실은 당사자가 주장한 사실관계를 토대로 삼아야 하지만, 주요사실의 경위, 내력 등 간접사실에 관하여는 당사자의 주장 유무에 불구하고 또는 주장과 달리 법원이 증거에 의하여 자유로이 사실을 인정할 수 있다.[7)]

판례는 소멸시효의 기산점을 주요사실[8)]로 보면서, 취득시효의 기산점을 간접사실[9)]

---

5) 요건사실과 주요사실을 개념상 구분하는 견해가 있는데, 이에 의하면 '요건사실'은 유형화된 추상적 사실로서 예를 들면 '매매대금의 지급사실'과 같고, 그에 부합하는 구체적인 사실은 '주요사실'로서 예를 들면, '액면금 500만 원의 수표 교부사실'과 같이 구분된다. 구회근, "1, 2심 사실인정이 달라진 사건의 원인분석(민사), 법관의 의사결정: 이론과 실무", 사법발전재단(2010), 397쪽

6) 대법원 1993. 9. 14. 선고 93다28379 판결, 2002. 6. 28. 선고 2000다62254 판결 등

7) 대법원 1971. 4. 20. 선고 71다278 판결, 1977. 1. 11. 선고 76다2083 판결, 1997. 2. 28. 선고 96다53789 판결

8) 대법원 1995. 8. 25. 선고 94다35886 판결. 다만, 어떤 권리의 소멸시효기간이 얼마나 되는지에 관한 주장은 단순한 법률상의 주장에 불과하므로 변론주의의 적용대상이 되지 않고 법원이 직권으로 판단할 수 있다(대법원 2013. 2. 15. 선고 2012다68217 판결, 2017. 3. 22. 선고 2016다258124 판결).

9) 대법원 1994. 4. 15. 선고 93다60120 판결, 1994. 11. 4. 선고 94다37868 판결, 1998. 5. 12. 선고 97다8496, 8502 판결 등

로 보고 있다.

나. 법률의 적용

법률의 적용에 관하여는, 특수한 법률문제가 아닌 한 그 적용의 결과인 법률효과의 존부를 설명하는 것으로 족하고 적용법조나 해석의 논거를 이유 중에 명기할 필요가 없다.

3. 논리적 순서에 따른 단계적 구성

'청구인용판결'의 이유 설시방식에는, ① 원고의 청구원인사실만을 인정하고 끝맺는 경우, ② 원고의 청구원인사실을 인정한 다음 피고의 항변을 배척하는 경우, ③ 원고의 재항변을 받아들여 피고의 항변을 배척하는 경우 등의 유형이 있다.

반면, '청구기각판결'의 이유 설시방식에는, ① 원고가 청구원인으로 주장하는 사실 자체만으로도(사실이 인정된다고 가정하더라도) 청구가 이유 없는 경우, ② 원고의 청구원인사실이 인정되지 아니하는 경우, ③ 원고의 청구원인사실을 인정한 다음 피고의 항변을 받아들이는 경우, ④ 피고의 항변을 받아들인 다음 원고의 재항변을 배척하는 경우, ⑤ 피고의 항변을 받아들인 다음 피고의 재재항변을 받아들여 원고의 재항변을 배척하는 경우 등의 유형이 있다.

	청구인용판결				청구기각판결			
청구원인 단계	인정	인정	인정	인정	배척	인정	인정	인정
항변 단계		배척	인정	인정		인정	인정	인정
재항변 단계			인정	인정			배척	인정
재재항변 단계				배척				인정

이유 설시는 주문을 이끌어내기 위하여 필요하고도 충분한 사항을 논리적 순서에 따라 기재하여야 한다. 피고의 항변에 대한 판단을 하지 아니하고 그 항변이 이유 있더라도 이에 대한 원고의 재항변이 이유 있다고 하여 원고의 청구를 인용하거나, 전제되는 청구원인사실의 존부에 대한 판단을 제쳐 놓고 피고의 항변이 이유 있다고 하여 원고의 청구를 기각하는 판시방법은 논리적인 판단 순서를 뒤바꾼 것이거나 당사자를 이해시킬 수 없는 것으로서 피하여야 한다.

한편 논리구조상 불필요한 사항을 기재하여서는 아니 된다. 항변 이하에 대한 판단은 그 앞 단계의 주장이 받아들여진 경우에 한하여 필요하다.

제3절 판결서 이유 체제

1. 판결서 이유 체제의 변천

가. 전통적 방식

전통적으로 판결서의 이유는 당사자의 공격방어방법을 요건사실을 중심으로 증명책임분배의 원칙에 따라 「청구원인 - 항변 - 재항변 - 재재항변」의 논리적 순서에 따라 분류하고, 사실인정 및 판단도 위와 같이 순차적으로 분류한 해당 공격방어방법별로 엄격히 나누어서 기재하는 방식을 취하여 왔다.

그런데 위와 같이 논리적 추론과정에 따라 판결서를 작성하는 방식에 대하여는 법관에게는 과도한 부담이 되고, 법률전문가가 아닌 당사자에게는 이해하기 어렵다는 단점이 지적되어 왔다.

나. 새로운 방식의 등장

1) 이에 판결서 작성방식을 개선하기 위하여 1991년 제정된 「판결서 작성방식의 개선을 위한 참고사항」에서는 판결서 이유 체제에 관하여 요건사실과 증명책임분배의 원칙에 따라 이유를 기재하지 않고, 분쟁의 전제가 되는 기초사실을 기재한 다음 쟁점 단위별로 판단할 수 있다고 하였다.

2) 그리고 1998년 제정된 「판결서 작성방식에 관한 권장사항」은 판결서 체제에 관한 조항(제13조)을 두어 이유 구성 방법으로 아래 3가지를 제시하였다.

① 청구원인, 항변, 재항변 등과 이에 대한 판단을 순차로 기재하는 방법

② 인정사실 또는 배척된 주장을 일괄 기재한 후 판단을 기재하는 방법

③ 기판력의 범위에 관한 사항과 쟁점에 한하여 이유를 기재하는 방법

다. 2가지 방식 제시

1) 위 ①번 방법(요건사실분류형)은 전통적인 요건사실 분류 체계에 따른 방식이다. 청구원인, 항변, 재항변, 재재항변 등의 순서로 요건사실을 중심으로 증명책임분배의 원칙에 따라 판결 이유를 구성한다.

2) 위 ②번 방법(인정사실통합형)은 기초사실(인정사실) 항목에서 간접사실을 포함한 일련의 사건을 모두 기재하고, 판단의 항목에서 청구원인, 항변 등을 뚜렷이 구별하지 않고 결론에 이르는 추론과정을 기재하는 방식이다. 기본적으로는 「인정사실」과 「판단」이라는 2분법적 구조를 따르는 방식이다.

3) 위 ③번 방법(쟁점별판단형)은 청구원인, 항변 등 논리적 순서에 구애받지 않고 사안에 따른 핵심 쟁점을 추출한 다음 각 쟁점별로 논증과정을 전개하는 방식이다.[10]

4) 현재 실무에서는 대체로 '기초사실(인정사실) - 당사자의 주장 - 판단 - 결론'의 방식에 따라 판결서 이유 제체를 구성하고 있다. 기초사실에서는 원칙적으로 당사자 사이에 다툼이 없거나 결론에 영향을 주지 않는 사실만 기재한 다음, 당사자의 주장(또는 사건의 쟁점)을 기재하고, 이어 판단 단계에서 인정사실 항목과 판단 항목으로 나누어 설시한다. 위 ③번 방법의 장점을 혼합하여 위 ②번 방법을 수정한 형태라고 볼 수 있다(수정된 ②번 방법).[11]

5) 이 책에서는 판결서 이유 체제를 크게 2가지 방식으로 분류하여 제시한다. 먼저 종래의 전통적 설시방법에 가까운 위 ①번 방법(요건사실분류형)을 '제1방식'이라 한다. 그리고 수정된 ②번 방법을 '제2방식'이라 한다.

---

10) 새로 쓰는 민사판결서, 19쪽

11) 새로 쓰는 민사판결서, 20쪽

2. 판결서 이유 체제의 2가지 방식

가. 제1, 2방식의 개요

1) 제1방식의 경우 사실인정에 있어서는 각 단계별 법률효과를 이끌어내기 위하여 필요최소한의 사실관계만 추출한 후 논리적 순서에 따라 분할 배치한다. 실무에서 인정사실을 기재한 다음 청구원인에서 주장하는 법률효과가 발생하였음을 밝히고, 이어서 이에 대한 피고의 항변을 소개하고 판단하는 체제를 취하는 경우도 많은데('인정사실 - 청구원인에 대한 판단 - 항변에 대한 판단 - 결론') 이 역시 제1방식에 포함된다. 원고의 청구원인 주장을 전부 기재한 다음 이를 전부 배척하는 것 또한 제1방식에 포함된다.

2) 제2방식의 경우 첫머리에서 기본적인 사실관계를 제시하고, 이어서 당사자의 주장을 소개하거나 대비시키는 등으로 쟁점을 제시한 다음 쟁점별로 판단을 한다. 제2방식은 제1방식을 효율적이고도 이해하기 쉽게 발전시킨 대안이지 제1방식의 전면적인 폐기를 전제로 제시된 대안이 아님에 유의할 필요가 있다. 즉 제2방식을 취하더라도 항변과 부인의 구별, 증명책임의 소재에 대한 혼동을 초래하는 표현을 사용하는 것은 허용되지 않는다.

3) 각 방식별 설시순서 예시

〈제1방식〉

[청구원인 인용]

인정사실 ⇨ 판단 ⇨ 결론

[청구원인 배척]

원고의 주장 ⇨ 판단 ⇨ 결론

[청구원인 인용, 항변 배척/인용]

청구원인에 대한 판단 ⇨ 항변에 대한 판단 ⇨ 결론

〈제2방식〉

기초사실 ⇨ 당사자의 주장(이 사건의 쟁점) ⇨ 판단(쟁점별로) ⇨ 결론

나. 방식별로 차이가 없는 부분

1) 제1, 2방식 중 어떤 방식을 선택하더라도, 실무상 사실인정을 하면서 ① 다툼이 없는 사실과 증거에 의하여 인정한 사실을 구분하지 않고, ② 서증의 표목만 기재하고 표제는 기재하지 않으며, ③ 상대방이 진정성립을 다투지 않는 한 서증의 형식적 증거력에 관한 판단은 기재하지 않고, ④ 반증이 없다는 기재는 하지 않는다.[12)]

2) 직접증거가 존재하지 않는 경우, 일부 직접증거가 존재하더라도 제반 정황을 종합하여 주요사실을 인정하는 것이 적절한 경우(가령 명의신탁 여부가 쟁점인 경우)에는 다양한 간접사실 인정과 그에 바탕을 둔 추론 과정을 설시함으로써 심증형성 경위를 설득력 있게 전개하여야 한다. 주요사실이 인정되지 않는다고 판단하는 경우에도 심증형성 경위를 설명하는 과정에서 단순히 인정할 증거가 부족하다는 취지뿐만 아니라 증거로 인정하는 반대사실도 논거로 설시하는 판결례가 늘고 있다.

3) 제2방식은 물론 제1방식을 취하더라도 치열하게 공방이 오간 부인 주장의 경우 항변에 준하여 판단하는 것이 보통이다(이러한 경우의 설시순서 예시: '청구원인에 대한 판단 - 피고의 주장에 대한 판단 - 결론').

4) 가집행의 선고와 소송비용의 부담에 관한 이유 기재는 하지 않는 것이 보통이다.

다. 방식과 무관한 경우

1) 소 각하 판결

피고의 본안전항변에 대한 판단이나 직권판단을 통하여 소 전부를 각하할 경우에는 '(기초사실) - 본안전항변에 대한 판단/이 사건 소의 적법 여부에 대한 판단 - 결론'의

---

12) 「판결서 작성방식에 관한 권장사항」 제10조 제1항에 따르면 본증에 의하여 주장사실을 인정하는 경우에 반증의 배척, 반증이 되기에 부족한 증거의 나열 및 부족 취지의 설시 또한 생략하는 것이 가능하다. 실무상으로는 반증이 있더라도 당사자 사이에 실질적 증거력에 관한 공방이 있었던 경우와 같이 특별히 반증에 대한 판단의 필요성이 있는 경우가 아닌 한 반증에 관한 일체의 기재를 생략하는 일이 많이 이루어지고 있다.

순서로 이유를 기재한다. 소의 일부를 각하할 경우에는 '(기초사실) - 피고 갑에 대한 본안전항변에 대한 판단/소의 적법 여부에 대한 판단 - 본안에 대한 판단 - 결론'의 순서로 이유를 기재한다.

2) 무변론 등 사건

민사소송법 제208조 제3항에 따라 무변론 사건, 자백간주 사건, 공시송달 사건에서 청구인용 판결을 선고할 경우에는 판결서 별지에 소장의 청구원인란을 스캔하여 넣는 등으로 청구를 특정함에 필요한 사항을 밝히고, 무변론, 자백간주, 공시송달에 의한 판결인 취지와 적용법조만을 간략하게 표시하는 경우가 대부분이다.

3) 손해배상청구사건

교통사고에 기한 손해배상청구사건 등 정형화된 손해배상청구사건의 경우 청구의 전부 또는 일부를 인용하는 때에는 '1. 손해배상책임의 발생(인정사실, 책임의 인정, 책임의 제한) 2. 손해배상의 범위(일실수입, 기왕 치료비, 향후 치료비, 개호비, 공제 등) 3. 결론'의 순서로 이유를 기재하는 경우가 많다.

라. 방식의 선택

1) 선택의 기준

가) 어떤 사건이든 제1방식에 따라 판결서 이유를 기재하는 것이 가능하고, 현재 실무상으로도 제1방식은 적지 않게 활용되고 있다. 거듭 말하거니와 제2방식은 제1방식에 따라 판결서 이유를 기재할 경우 단점이 부각되는 사건에 있어서 제1방식의 대안으로 제시된 것이지, 모든 사건에 있어서 제1방식의 대안으로 제시된 것이 아님에 유의할 필요가 있다.

나) 따라서 곧바로 요건사실 전부를 기재한 다음 청구원인에 대한 판단과 항변에 대한 판단의 순서로 이유를 기재하는 것이 가능하고 또한 자연스러운 경우에는 굳이 제2방식을 취할 필요가 없다. ① 요건사실이 1~2개 정도로 단순한 경우, ② 당사자의 주장이나 소송물이 많더라도 그 주장이나 소송물 사이에 공통되는 전제사실이 없는

사건, ③ 전형적 형태의 대여금, 임대차, 건물인도 등 사건에서 당사자의 항변이 뚜렷하게 부각되어 있는 경우 등에는 제1방식이 적절하다.[13)]

다) 이에 비해 ① 청구원인사실, 항변사실 등 요건사실 중 당사자 사이에 치열하게 다툼이 있는 부분과 그렇지 않은 부분이 뚜렷하게 구분되는 경우, ② 사실관계의 대강을 시간적 순서에 따라 먼저 정리하는 것이 쟁점의 신속하고 정확한 파악에 도움이 되는 사건, ③ 당사자의 간접부인(적극부인)[14)], 간접반증이 주된 쟁점으로 부각되는 사건, ④ 사안이 복잡하거나 새로운 유형의 사건, ⑤ 당사자의 비전형적인 주장이 여럿 제출된 사건, ⑥ 당사자 내지 소송물이 복수인 사건에서 쟁점은 각각 다르나 공통된 전제사실이 존재하는 경우에는 대체로 제2방식에 따라 판결서 이유 체제를 구성할 필요성이 있다고 볼 수 있다.

라) 제1, 2방식의 장단점을 숙지하여 사안별로 적절한 방법을 선택하여 활용하는 것이 바람직하고, 사안과 무관하게 어느 한 방법으로 고착되지 않도록 노력할 필요가 있다.

2) 기재례

가) 제1방식

[청구원인 배척]

원고의 주장 ⇨ 판단 ⇨ 결론

1. 원고의 주장

   원고는 2023. 7. 1. 피고에게 100,000,000원을 이자 연 10%, 변제기 2023. 11. 1.로 정하여 대여하였으므로, 피고는 원고에게 위 차용금 100,000,000원 및 이에 대한 이자, 지연손해금을 지급할 의무가 있다.

2. 판단

   위 주장사실에 부합하는 듯한 증인 A의 증언은 믿기 어렵고, 갑 1 내지 5호증의 각

13) 새로 쓰는 민사판결서, 69쪽

14) 간접부인(적극부인, 이유부부인)의 개념에 대해서는 뒤에 있는 2장 2절 4. 가. 1) 부분 참조

기재만으로는 이를 인정하기에 부족하며, 달리 이를 인정할 만한 증거가 없다. 원고의 주장은 이유 없다.

3. 결론

원고의 청구는 이유 없으므로 기각한다.

[청구원인 인용, 항변 배척]

청구원인에 대한 판단(①인정사실, ②판단) ⇨ 항변에 대한 판단(①주장, ②판단) ⇨ 결론

1. 청구원인에 대한 판단

갑 1, 2호증의 각 기재와 변론 전체의 취지를 종합하면, 원고가 2022. 7. 1. 피고에게 100,000,000원을 이자율 연 10%, 변제기 2022. 11. 1.로 정하여 대여한 사실을 인정할 수 있다. 그러므로 특별한 사정이 없는 한 피고는 원고에게 대여금의 반환으로 100,000,000원 및 이에 대하여 2022. 7. 1.부터 이 사건 소장 송달일인 2023. 11. 1.까지는 약정에 따른 연 10%의, 그 다음 날부터 다 갚는 날까지는 소송촉진 등에 관한 특례법에 따른 연 12%의 각 비율로 계산한 이자 내지 지연손해금을 지급할 의무가 있다.

2. 항변에 대한 판단

가. 피고의 주장

피고는 2022. 11. 1. 원고에게 위 차용 원리금을 모두 변제하였다.

나. 판단

을 1 내지 5호증의 각 기재만으로는 위 변제 사실을 인정하기에 부족하고, 달리 이를 인정할 만한 증거가 없다. 피고의 주장은 이유 없다.

3. 결론

원고의 청구는 이유 있으므로 인용한다.

나) 제2방식

[청구원인 배척]

기초사실 ⇨ 당사자의 주장 ⇨ 판단 ⇨ 결론

1. 기초사실

가. 원고는 2022. 8. 1. A와 사이에 원고가 피고로부터 피고 소유의 별지 목록 기재 건물 중 3층 부분(이하 '이 사건 건물'이라 한다)을 임대차기간 2022. 8. 1.부터 2024. 7. 31.까지, 임대차보증금 100,000,000원에 임차하는 내용의 계약을 체결하였다(이하 '이 사건 임대차계약'이라 한다).

나. 원고는 이 사건 임대차계약 체결일 무렵 A에게 임대차보증금 100,000,000원을 지급하였다.

[인정근거] 다툼 없는 사실, 갑 1, 2호증의 각 기재, 변론 전체의 취지

2. 당사자의 주장

가. 원고의 주장

A는 피고의 대리인으로서 이 사건 임대차계약을 적법하게 체결한 다음 원고로부터 임대차보증금 100,000,000원을 수령하였다. 이 사건 임대차계약은 2024. 7. 31. 임대차기간의 만료로 종료되었다. 따라서 임대인인 피고는 임차인인 원고에게 임대차보증금 100,000,000원을 반환할 의무가 있다.

나. 피고의 주장

A는 피고를 대리할 권한 없이 임의로 이 사건 임대차계약을 체결한 다음 원고로부터 100,000,000원을 받았다. A의 위와 같은 행위는 피고에게 효력이 미치지 않는다.

3. 판단

아래와 같은 이유에서(그중 사실 내지 사정은 을 1 내지 5호증의 각 기재, 증인 B의 증언과 변론 전체의 취지를 종합하면 인정된다), 갑 1 내지 7호증의 각 기재와 증인 A의 증언만으로는 A가 피고를 대리하여 이 사건 임대차계약을 체결하고 임대차보증금을 수령할 권한이 있었음을 인정하기에 부족하고, 달리 이를 인정할 만한 증거가 없다. 원고의 주장은 이유 없는 반면, 피고의 주장은 이유 있다.

가. A는 이 사건 임대차계약을 체결할 당시 피고의 위임장이나 인감증명서 등 대리권을 증명할 만한 서면을 소지하고 있지 않았다.

나. 원고는 이 사건 임대차계약을 체결하고 임대차보증금을 지급함에 있어서 계약서에 피고의 전화번호가 적혀 있음에도 피고에게 연락하여 A의 대리권에 관한 확인 조치를 취한 적이 없다.

다. A의 증언에 의하더라도, A는 원고로부터 받은 100,000,000원 전액을 본인이 사용하였고, 그중 일부라도 피고에게 전달한 것이 없으며, 피고에게 이 사건 임대차계약 체결 사실을 고지한 적도 없다.

라. 피고는 원고로부터 임대차보증금의 반환청구를 받자 바로 이의를 제기하였다.

4. 결론
원고의 청구는 이유 없으므로 기각한다.

[청구원인 인용, 항변 배척]

기초사실 ⇨ 당사자의 주장 ⇨ 판단 ⇨ 결론

1. 기초사실
원고가 2023. 7. 1. A 소유이던 X 건물(이하 '이 사건 건물'이라 한다)을 서울중앙지방법원 2020타경*****호 부동산 강제경매절차에서 매수하고 대금을 완납하여 소유권을 취득한 사실, 피고가 이 사건 건물 신축공사 중 골조공사를 시행한 공사업자로서 현재 이 사건 건물을 점유하고 있는 사실은 당사자 사이에 다툼이 없다.

2. 당사자의 주장
가. 원고의 주장
피고는 원고 소유의 이 사건 건물을 아무런 권원 없이 불법 점유하고 있다. 피고는 점유 권원으로 유치권을 내세우고 있으나 피고는 이 사건 건물에 관한 강제경매개시결정의 기입등기가 마쳐진 이후에 A로부터 이 사건 건물의 점유를 이전받은 것이므로 유치권을 내세워 원고에게 대항할 수 없다. 따라서 피고는 원고에게 이 사건 건물을 인도할 의무가 있다.

나. 피고의 주장
피고는 이 사건 건물에 관한 공사대금 채권에 기한 유치권자로서 이 사건 건물을 적법하게 점유하고 있으므로 원고의 청구에 응할 의무가 없다.

3. 판단
가. 관련법리
채무자 소유의 건물 등 부동산에 강제경매개시결정의 기입등기가 경료되어 압류의 효력이 발생한 이후에 채무자가 위 부동산에 관한 공사대금 채권자에게 그 점유를 이전함으로써 유치권을 취득하게 한 경우 그와 같은 점유의 이전은 목적물의 교환가치를 감소시킬 우려가 있는 처분행위에 해당하여 민사집행법 제92조 제1항, 제83조 제4항에 따른 압류의 처분금지효에 저촉되므로 점유자로서는 위 유치권을 내세워 그 부동산에 관한 강제경매절차의 매수인에게 대항할 수 없다(대법원 2006. 8. 25. 선고 2006다22050 판결 등 참조).

나. 이 사건의 경우

갑 1 내지 10호증의 각 기재, 증인 B의 증언과 변론 전체의 취지를 종합하면, 피고가 위 강제경매개시결정의 기입등기가 마쳐진 이후인 2023. 1. 15. A로부터 이 사건 건물의 점유를 이전받은 사실을 인정할 수 있으므로, 다른 점에 관하여 살펴볼 것도 없이 피고는 위 강제경매절차에서 이 사건 건물을 매수한 원고에게 유치권을 내세워 대항할 수 없다. 따라서, 원고 소유의 이 사건 건물을 정당한 권원 없이 점유하고 있는 피고는 원고에게 이 사건 건물을 인도할 의무가 있다. 원고의 주장은 이유 있고, 피고의 주장은 이유 없다.

4. 결론

원고의 청구는 이유 있으므로 인용한다.

제2장

판결서 이유 구성

제2장

판결서 이유 구성

제1절 사실의 확정

1. 사실의 확정에 관한 전통적 방식과 새로운 방식의 비교

가. 서설

전통적인 방식에서는 청구원인과 항변 등의 판단순서에 따라 그때마다 사실관계를 정리하고 법률판단을 한다. 그러다보니 증거설시와 사실의 인정이 여러 단계로 나누어져 복잡해지고 동일한 사실을 「……사실은 앞서 인정한 바와 같고」 등의 표현으로 반복 설시하게 되는 경우가 많다. 자연적 사실로서는 하나의 계약에 의하여 이루어진 약정내용을 요건사실에 따라 분리인정하게 됨으로써 마치 별개의 약정이 있었던 것 같은 혼란을 야기할 우려도 있다.

새로운 판결서 작성방식에서는, 청구원인과 항변, 재항변 등에 관한 사실을 논리적으로 엄격하게 구분하여 설시하지는 않는다. 물론 판단의 배후에서 당사자의 주장이 항변인지 재항변인지, 어떤 사실에 대한 증명책임이 어느 쪽 당사자에게 있는 것인지 하는 점을 반드시 고려하여야 하고 그에 따른 논리적 추론과정을 거쳐 결론을 도출하여야 하지만, 판결문에 그러한 추론과정을 따라 엄격하게 요건사실을 분류하여 기재할 필요는 없다는 입장이다.

예컨대 매매로 인한 소유권이전등기청구에서, 전통적 방식에 따라 엄격하게 요건사실을 구분하여 적는다면 원고의 청구원인에 대한 판단부분에서는 원·피고 사이에 언

제 어떤 목적물에 관하여 대금 얼마에 매매계약이 체결되었다는 사실만 인정할 것이고, 계약금과 중도금 및 잔금의 금액 및 지급시기에 관한 약정내용은 피고가 동시이행항변이나 대금지급채무 불이행을 이유로 한 계약해제의 항변을 한 경우에 그 항변의 요건사실로 설시하게 된다. 그러나 대금지급시기에 관한 약정은 사실은 청구원인사실에서 인정한 당초의 매매계약에 포함되어 있던 것이므로, 이를 통합하여 사실인정을 하는 것이 설시하기에도 편하고 읽기에도 쉽다. 현재 대부분의 민사실무는 새로운 판결서 작성방식을 취한다.

나. 새로운 판결서 작성방식에 의한 사실인정의 특징

1)『기초사실』등에 의한 통합설시

가) 전통적 판결서 작성방식에 의한 사실인정은, 여러 개의 쟁점, 특히 청구원인과 항변 또는 항변과 재항변의 각 사실을 통틀어서 사건의 발단으로부터 교섭의 경과와 최후의 결과에 이르기까지 역사적 순서에 따라 서술하는 방식은 피한다. 이렇게 통합설시를 하면 인정된 사실이 요건사실인지, 요건사실을 추인케 하는 간접사실인지 또는 단순한 사정인지의 구별이 없고, 증거와 인정사실 사이의 구체적 연결이 모호해지며, 불필요한 사실이 인정되는 반면, 오히려 요건사실이 누락될 위험이 있기 때문이다.

그러나 새로운 작성방식에서는 필요한 경우에는, 청구원인과 항변·재항변의 요건사실을 구분하여 각 판단부분에서 분리하여 설시하지 않고 판결서 첫 부분 등 적절한 곳에서『인정사실』,『기초사실』또는『공통된 사실관계』등의 제목으로 관련된 사실을 자연적 발생순서에 따라 한꺼번에 설시하는 방식을 적극 활용한다.[15)16)]

---

15) 판결서 이유 체제에 관하여는 앞에 있는 1장 3절 부분 참조

16) 한편, 이처럼 기초사실의 항목으로 청구원인과 항변·재항변의 요건사실을 구분하지 않고 서술하는 방식에 대해서는, 불필요하거나 증거 없는 사실인정으로 당사자가 반발하여 항소를 유발하며, 판단부분이 형해화되고 증명책임이 전도되는 부작용이 있다는 지적이 있다. 따라서 기초사실에 항변·재항변에 해당되는 사실을 기재한다 할지라도 사건의 자연적인 경과를 이해하는 데 필요한 전제에 한정하고 특히 당사자 사이에 쟁점이 되었던 사실관계에 대해서는 기초사실에서 인정하지 않는 것이 바람직할 것이다.

나) 원고 또는 피고가 여러 명인 주관적 병합의 경우에 각 피고에 대한 청구원인은 다르나 기본적 사실관계가 상당부분 공통된 경우가 많다. 피고별로 구분하여 설시하면서 어느 피고에 대한 판단부분에서 인정한 사실을 다른 피고에 대한 판단부분에서 인정근거 없이 「…… 사실은 앞서 본 바와 같다」는 방식으로 인용하는 것은 공동소송인독립의 원칙에 위배된다. 따라서 주관적 병합의 경우에 당사자별로 나누어서 판단하는 이유구성을 취할 경우에는 부득이 동일한 사실인정을 반복하거나 앞에서 인정한 사실을 인용하는 방식으로 설시할 수밖에 없는 경우가 생긴다.

이러한 경우에는 판결 이유의 첫머리에서 『공통된 사실관계』 또는 『기초사실』과 같은 제목으로 관련 당사자 전원에 대하여 공통적으로 관련된 사실을 추출하여 통합설시하고, 판단부분에서 각 당사자 별로 추가적인 요건사실을 부가하여 의무의 존부를 설시하면서 법률판단을 하는 방식으로 하면 편리하므로 새로운 판결서 작성방식에서는 기초사실 등에 의한 통합설시를 적극 활용한다.

2) 요건사실의 일부를 생략하는 설시

청구원인이나 항변 등 당사자의 주장을 인용하는 경우, 그 주장의 요건사실은 설령 당해 사건에서 쟁점이 되어 있지 않거나 당사자 사이에 다툼이 없더라도 빠짐없이 지적하여 인정사실에 포함시켜야 한다는 것이 종전의 전통적 판결서 작성방식이다.

새로운 작성방식에서는, 청구를 특정함에 필요한 최소한의 요건사실만을 기재하거나 쟁점의 판단과 직접 관련이 없는 요건사실은 기재를 생략하기도 한다. 예컨대, 대여금 사건에서 변제 여부만이 쟁점인 경우 대여과정의 기재를 생략한다거나, 손해배상 사건에서 요건사실이기는 하지만 실질적으로는 다툼이 없는 사항(월 가동일수, 가동연한, 여명, 신체감정서의 내용 또는 맥브라이드표의 해당항목 등)은 특별히 쟁점이 된 경우가 아니면 사실인정 부분에서 따로 설시하지 아니하고 손해배상 금액을 산출하는 계산식에 반영하는 것으로 그친다.

[기재례] (보증인의 구상금청구 – 주채무 요건사실 중 일부 생략)

❒ 전통적 방식

……(증거)에 의하면, 피고 김갑동이 본인 겸 피고 이을남의 대리인으로서 2022. 2.

4. 차병삼으로부터 50,000,000원을 이자는 월 4%, 변제기를 차용일로부터 3개월 후로 정하여 연대하여 차용하였고, 피고들의 부탁에 따라 원고가 위 차병삼에 대하여 위 피고들의 차용금채무를 연대보증한 사실을 인정할 수 있으며, 그 후 위 차병삼이 원고를 상대로 서울중앙지방법원 2022가합7372호로 보증채무금청구의 소를 제기하여 50,000,000원 및 이에 대한 2022. 8. 5.부터 완제일까지 연 12%의 비율로 계산한 돈을 지급하라는 승소판결을 받게 되자, 원고가 2023. 8. 4. 위 차병삼에게 위 판결에 의한 보증채무의 변제금으로 86,000,000원을 지급한 사실은 당사자 사이에 다툼이 없다.

❒ 새로운 방식

다음 사실은 당사자 사이에 다툼이 없거나 ……(증거)에 의하여 인정된다.

(1) 피고 김갑동이 본인 겸 피고 이을남의 대리인으로서 2022. 2. 4. 차병삼으로부터 5,000만 원을 연대하여 차용함에 있어 원고가 위 피고들의 부탁으로 연대보증을 하였다.

(2) 차병삼이 원고를 상대로 서울중앙지방법원 2022가합7372호로 보증채무 이행청구를 하여 승소판결을 받았고, 원고는 2023. 8. 4. 차병삼에게 위 판결에 의한 채무원리금으로 8,600만 원을 지급하였다.[17)]

[기재례] (변제금액만 쟁점인 대여금사건 – 요건사실 일부 생략)

원고의 피고에 대한 2022. 5. 4.자 3,000만 원의 대여금에 대한 변제 여부가 이 사건의 쟁점인바, 피고가 2023. 5. 5. 그 중 2,000만 원 및 그 때까지의 이자를 변제한 사실을 인정할 수 있으므로(을 1호증), 피고는 원고에게 나머지 1,000만 원 및 이에 대한 이자를 지급할 의무가 있다.[18)]

3) 법률판단이 내포된 사실인정

증거로써 인정하는 대상은 『사실』이므로, 사실인정에 법률판단이 내포되는 것은 전통적 방식의 관점에서는 적절하지 않다. 그래서 만일 대물변제에 관한 주장을 판단한

17) 주채무의 발생 및 보증사실에 대하여는 실질상 다툼이 없고, 보증채무의 이행금액도 판결에 의하여 확인된 금액이므로, 주채무 발생원인인 대여금약정의 이율, 변제기, 보증채무 이행판결의 주문내용 등은 요건사실이지만 기재를 생략한 것이다.

18) 청구의 특정에 필요한 최소한의 요건사실만을 기재하고 쟁점 판단과 직접 관련이 없는 사실의 기재를 생략한 것이다.

다면, '본래의 급여와 다른 급여를 한 것'과 '그것으로써 본래의 급여에 갈음한다는 뜻의 합의가 성립한 것'만이 사실인정의 대상이고, 대물변제라는 법률적 평가는 그와 같이 인정된 요건사실에 법률을 적용하여 나온 법률효과로 설시되어야 한다.[19] 같은 논리로, 행위자의 내심의 의사가 문제되는 주관적 사실(고의, 선의, 악의, 사해의사, 해할 의사 등) 또는 간접사실에 기초한 법률적 평가가 필요한 규범적 사실(표현대리의 정당사유, 불법행위로 인한 손해배상사건에 있어 과실 등)이 요건사실인 경우에는 기본적 사실관계를 인정한 다음 그로부터 추인하거나 평가하는 방식으로 요건사실의 존재를 인정하는 설시방식을 취하여야 한다는 것이 종래의 전통적 판결서 작성방식이다.

반면 「판결서 작성방식에 관한 권장사항」은 "필요한 경우에는 법률판단이 내포된 사실인정을 함으로써 법률판단을 생략할 수 있다."고 규정한다(제11조 제1항). 위 권장사항에 의하면 사실인정의 내용으로 법적 평가가 내포된 법률용어를 사용하는 방식도 가능하다. 주관적 사실이나 규범적 사실이 요건사실인 경우에도 간접사실을 먼저 인정하고 그 사실을 토대로 요건사실의 존재를 추인하는 2단계 구조로 설시할 필요 없이 일반적인 사실인정의 경우와 마찬가지로 증거에 의하여 곧바로 그 요건사실을 인정하는 형태로 설시하는 것이다.[20] 그러나 당사자가 공격과 방어에 주력한 중요 쟁점과 관계된 사실을 인정함에 있어서는 이러한 법률판단이 내포된 사실인정은 신중할 필요가 있다.

[기재례] (대물변제의 설시)

❒ 전통적 방식

피고는 위 차용금채무는 대물변제로 소멸되었다고 항변하므로 살피건대, ……(증거)에 의하면, 원고와 피고는 2023. 8. 25. 위 차용금채무의 변제에 갈음하여 이 사건 임야의 소유권을 양도하기로 합의하였고, 그에 따라 피고가 2023. 9. 12. 원고에게 이 사건 임야에 관한 소유권이전등기절차를 마쳐준 사실을 인정할 수 있으므로, 위 차용금채무는 원·피고 사이의 합의에 따른 위 대물변제로 소멸되었다 할 것이니 피고의 위 항변은 이유 있다.

---

19) 민사실무Ⅱ, 294쪽

20) 「판결서 작성방식에 관한 권장사항」 제11조 제1항의 각주 6)의 예시: 「……(증거)에 의하면 이 사건 부동산은 원고의 소유로 추정된다.」

❐ 새로운 방식

2. 대물변제

……(증거)에 의하면, 피고가 2023. 9. 12. 원고에게 이 사건 임야에 관하여 위 차용금채무에 대한 대물변제로서 소유권이전등기절차를 마쳐 준 사실을 인정할 수 있으므로 위 차용금채무는 소멸되었다.

4) 반대사실의 인정에 의한 주장 배척

청구원인이나 항변의 요건사실에 대한 지지증거가 전혀 없거나 부족할 뿐 아니라 나아가 반대사실[간접부인(적극부인)사실]이 적극적으로 인정되는 경우에, 전통적 방식은 원칙적으로 반대사실이 인정된다고 설시하지는 않는다. 사안에 따라 그 설시를 하는 경우에도 요건사실과 반대사실을 명확히 구분하여, 「원고는 ……라고 주장하나, 이에 부합하는 ……(증거)는 믿을 수 없고, 달리 원고의 위 주장사실을 인정할 만한 증거가 없는 반면, **오히려** ……(증거)에 의하면 ……(반대사실)을 인정할 수 있으므로 원고의 위 주장은 이유 없다.」와 같은 형식으로 설시한다.[21] 증명책임의 소재를 분명히 하기 위해서이다.

반면 「판결서 작성방식에 관한 권장사항」에 의하면, "당사자의 주장을 배척하는 경우에는 반대사실을 설시함으로써 그 부분 주장 및 판단을 생략할 수 있다."고 한다(제11조 제2항).[22] 증명책임의 소재는 법원의 판단과정에서 고려하면 되는 것이지, 판결문 작성에서까지 구애받을 필요는 없다는 입장으로 이해할 수 있다. 그러나 이처럼 반대사실 인정을 통하여 주장을 배척할 때에는 먼저 반대사실이 객관적인 증거에 의하여 명백하게 인정되어야 하고 요건사실의 증명 부족을 이유로 당사자의 주장을 배척하는 것을 넘어서서, 반대사실을 인정하는 것이 당사자에 대한 설득력을 높이거나 사건의 자연스러운 경과에 부합하는 경우라야 할 것이다. 나아가 관련사건에서 해당 판결이 사실인정의 증거로 인용되는 경우가 많으므로, 반대사실을 인정하는 것은 신중할 필요가 있다.

---

21) 민사실무Ⅱ, 302쪽 참조

22) 「판결서 작성방식에 관한 권장사항」 제11조 제2항의 각주 7)의 예시: 원고의 연대보증 주장을 배척하는 경우 「피고들은 연대의 특약없이 ○○○의 원고에 대한 차용금 채무를 보증하였다.」, 피고의 변제 항변을 배척하는 경우 「원고는 1998. 8. 1. 피고에게 3천만 원을 대여하였으나 변제되지 않고 있다.」

다. 새로운 판결서 작성방식에서의 『기초사실』

새로운 판결서 작성방식에서는 청구원인과 항변·재항변의 요건사실을 구분하여 각 판단부분에서 분리하여 설시하지 않고 판결서 첫 부분 등 적절한 곳에서 『인정사실』, 『기초사실』 또는 『공통된 사실관계』 등의 제목으로 관련된 사실을 자연적 발생순서에 따라 한꺼번에 설시하는 경우가 많음은 전술한 바와 같다. 특히 기초사실의 설시는 대부분의 판결서 작성 시 적극 활용되므로 이에 대해 좀 더 살펴본다.

1) 설시 목적

기초사실은 쟁점을 제시하기 전에 사안의 개요를 이해하고 뒤에 나오게 될 쟁점을 쉽게 파악할 수 있도록 부각하려는 목적에서 설시한다. 따라서 기초사실 부분에 어떠한 내용을 담아야 할지는 위와 같은 목적을 염두에 두고 결정한다.

2) 기초사실에 기재할 사항

일반적으로 판결서 이유 첫 부분 등에서 기재되는 기초사실에 기재할 사항으로 제시되는 것은 다음과 같다.

- ❐ **사실적·법률적 주장을 판단하는 데 공통되거나 전제되는 사실**
- ❐ **객관적·주관적으로 병합된 복수의 소송물에 공통된 요건사실**
- ❐ **양쪽이 자기주장을 위하여 공통으로 활용하는 간접사실**
- ❐ **당사자의 주장이나 분쟁의 구도를 이해하는 데 필요한 범위에서 양쪽 주장이 갈라지기 전까지의 분쟁경위에 대한 간접사실**

3) 주의할 점[23]

가) 비대해진 기초사실은 판결서의 큰 문제점으로 지적된다. 기초사실은 이후 진행되는 논증 과정에서 논리적 기초가 될 사항들을 추려서 기재하되 사안의 핵심인 요건사실을 중심으로 기재하는 것이 원칙이다. 요건사실에 해당하더라도 그것이 특정 쟁점에 국한되거나 일부 판단에만 관련되는 단편적인 사실일 경우에는 기재하지 아니하

---

23) 새로 쓰는 민사판결서, 20쪽

고 해당 주장과 항변 부분에서 설시한다.[24)]

나) 당사자 사이에 다툼이 없거나 또는 명확한 직접증거에 의해 판단이 용이한 사실만 설시하고, 쟁점을 제시하기 전이므로 논란의 여지가 없는 중립적 사실관계만 기재한다.

다) 등장인물과 분쟁의 발생 배경, 경위에 관한 사항은 너무 장황하지 않게 분쟁의 대상을 중심으로 사안 전체 파악에 필요한 범위 내에서만 기재하고, 뒤에서 한 번도 언급되지 않거나 쟁점 설시의 전제가 아닌데도 요건사실과 시간 순으로 재구성하기 위하여 또는 다툼이 없다는 이유로 기초사실에 기재하지 않아야 한다.[25)]

라) 당사자가 치열하게 다투는 실질적 쟁점에 해당하는 요건사실은 기초사실에 기재하지 않아야 한다. 첫머리의 사실관계가 시간 순으로 배열되어 있어 중간에 들어 있는 위 계쟁사실을 별도로 추출하는 것이 어려운 경우 그것이 쟁점으로 부각될 수 있는 여러 배경에 관한 사실인정을 하면서 그에 대한 직접적 설시를 억제하려고 최대한 노력하고, 만일 그것이 불가능하면 시간순 배열 원칙을 포기하고 기초사실은 적절한 범위 내에서만 설시한다.

마) 주요사실에 관한 명백한 직접증거가 있거나 당사자가 뚜렷이 다투지 않아 곧바로 주요사실을 인정할 수 있는 경우에는 바로 주요사실을 인정하고 그에 관한 간접사실을 장황하게 설시하지 않는다.

---

24) 예를 들어 대여금 소송에서 그 대여 여부나 권한에 관하여 주로 다투어지고 부수적으로 변제 항변을 일부 받아들여야 할 사안에서 일부 변제에 해당하는 사실을 기초사실에 기재하는 것은 부적절하다.

25) 예를 들어 등기서류 위조를 이유로 한 등기말소소송에서 이미 관련자가 사문서위조행위로 기소되어 유죄확정판결을 받았고 등기서류 위조 사실을 피고가 그다지 다투지 않는 사안임에도, 기초사실에서 관련자에 대한 사문서위조죄 고소부터 기소과정을 거쳐 유죄판결 확정사실까지 장황하게 설시하는 사례가 그에 해당한다.

2. 사실인정근거

가. 증거를 요하지 않는 경우

당사자가 주장한 사실은 증거에 의하여 증명되어야만 판결의 기초로 되는 것이 원칙이지만, 예외적으로 증명을 요하지 아니하는 경우가 있다. 당사자 사이에 다툼이 없는 사실과 현저한 사실이 그것이다(제288조).

당사자 사이에 다툼이 없는 사실은 변론주의와의 관계에서 법원이 이에 어긋나는 사실인정을 할 수 없는 결과 증명의 대상으로 되지 아니한다. 현저한 사실은 그 객관성에 비추어 증명을 요하지 아니하는 것으로서, 다툼 없는 사실과는 달리 직권탐지주의에 의한 절차에서도 적용된다(가사소송법 제12조 단서).

1) 재판상 자백한 사실

가) 의의

재판상 자백이란 변론기일 또는 변론준비기일에서 자기에게 불리한 상대방의 주장사실을 인정하는 진술을 말한다.[26]

당사자 사이에 다툼이 없는 사실은 그대로 판단의 기초로 된다. 다툼이 없는 사실임에도 불구하고 이를 무시한 채 증거로써 사실을 인정하여서는 안 되고, 나아가 증거에 의하여 자백에 어긋나는 사실을 인정하는 것은 위법하다.[27] 다만, 직권탐지주의가 적용되는 경우나 직권조사사항에 대하여는 자백의 효력이 인정되지 아니한다.[28]

다른 사건에서 한 자백은 민사소송법 제288조의 자백이 아니다. 그러므로 甲 사건

26) 대법원 1993. 9. 14. 선고 92다24899 판결

27) 대법원 1983. 9. 27. 선고 82다카1828 판결

28) 대법원 1982. 3. 9. 선고 80다3290 판결, 1992. 7. 24. 선고 91다45691 판결, 1993. 7. 27. 선고 92누15499 판결, 1999. 2. 24. 선고 97다38930 판결
직권조사사항 외에는 행정소송에서도 민사소송법상 자백에 관한 규정이 적용된다(대법원 1991. 5. 28. 선고 90누1854 판결).
가사소송에서는 자백에 관한 규정의 적용이 배제되지만(가사소송법 제12조 단서), 당사자의 자백은 변론 전체의 취지로 참작되고, 서증의 진정성립에 대하여는 자백이 허용된다는 것이 다수설이다.

의 변론에서 乙 사건에 관한 사실을 자백하는 진술이 있었다 하더라도 乙 사건을 재판하는 법원은 이에 구속되지 아니한다.[29)]

'다툼 없는 사실'로서 기재하는 사실은 주요사실에 한하지 않고, 간접사실이나 보조사실도 포함시킬 수 있다. 다만 '자백의 구속력'은 주요사실에만 적용되고 간접사실에는 적용되지 않는다.[30)] 간접사실이나 보조사실에 대한 자백에 구속력을 인정한다면 주요사실의 존부를 판단하는 법관의 자유심증에 제약을 가하기 때문이다.[31)] 예외적으로 '문서의 진정성립'에 관한 자백은 성질상 보조사실에 대한 자백이기는 하나 법원이 그 자백에 구속된다는 것이 판례이다.[32)]

자백은 상대방이 주장한 사실을 대상으로 하는 것이지 상대방이 주장하는 법률상의 진술 또는 의견을 대상으로 하는 것이 아니므로 후자를 당사자가 인정하였다 하더라도 이는 진정한 의미의 자백이 아니라 이른바 '권리자백'에 불과하여 법원을 구속하지 않는다. 법률의 적용은 원래 법원의 전권에 속하는 것이기 때문이다.[33)] 실제 소송에서는 당사자 일방이 주장하는 매매, 임대차 또는 소비대차의 성립을 상대방이 인정한다고 진술하는 경우가 흔히 있는데, 이것은 비록 법률상의 계약 명칭을 사용하기는 하였지만, 당사자의 의도는 매매, 임대차, 소비대차를 이루고 있는 요건사실을 하나하나 자세하게 진술하는 대신에 상식적인 용어가 되다시피 한 단순한 법률상의 용어로 압축하여 표현한 것에 불과하므로, 이는 사실에 관한 자백이지 권리자백이 아니다.[34)] 같은 견지에서 경험칙,[35)] 법률의 존부 및 그 해석 적용, 어떤 사실의 법률효과에 관한

29) 대법원 1996. 12. 20. 선고 95다37988 판결

30) 간접사실, 보조사실 등에 자백의 구속력이 인정되지 않는다는 의미는 이들에 대하여는 법원이 증거에 의하여 자백에 반하는 사실을 인정할 수 있다는 것이고, 이들을 자백으로 설시할 수 없다는 것은 아니다. 따라서 자백한 사실이 증거에 의하여도 인정되는 등 진실하다고 판단되는 경우에는 사실인정을 자백으로 설시하는 것도 무방하다.

31) 대법원 2000. 1. 28. 선고 99다35737 판결

32) 대법원 2001. 4. 24. 선고 2001다5654 판결

33) 예를 들어 피고가 매매계약이 원고에 의하여 해제되었다는 점을 자백하더라도 이는 권리자백에 불과하므로 법원을 구속하지 아니하고 상대방의 동의 없이도 자유로이 철회할 수 있다(대법원 1982. 4. 27. 선고 80다851 판결 참조). 이와 구별하여 원고가 '해제의 의사표시를 하였다'고 자백을 할 경우 이는 객관적 사실이므로 자백의 대상이 된다.

34) 대법원 1984. 5. 29. 선고 84다122 판결 참조

당사자의 의견[36]도 자백의 대상이 될 수 없다.

주요사실에 대한 자백을 취소하려면 진실에 어긋나고 착오로 말미암은 것이라는 증명이 있어야 하지만, 간접사실에 관한 자백은 언제든지 철회할 수 있으므로 판결서 작성 시 주의할 필요가 있다.

나) 선행자백과 자인진술

자백은 상대방이 어떠한 사실을 주장하는 전후를 불문하고 가능하다. 따라서 당사자 일방이 상대방의 주장에 앞서서 미리 자기에게 불이익한 사실을 진술하는 이른바 자인진술[37]의 경우에, 상대방이 이를 원용하거나 그에 상응하는 주장을 함으로써 선행자백이 성립된 때에는 역시 자백으로 보아 다툼 없는 사실로 정리하여야 한다.[38]

상대방의 원용이나 그에 상응하는 주장이 없는 상태로 변론이 종결된 경우에도 자인진술은 당사자가 스스로 자기에게 불리한 사실을 진술하고 있다는 점에 비추어 법원의 사실인정에 있어서 중요한 자료가 된다.[39] 전통적 방식에서는 이때 다음과 같이 설시한다. 다만 실무에서는 이를 명확히 구분하지 아니하고 '다툼 없는 사실'과 함께 설시하기도 한다.

---

35) 경험칙은 일종의 법칙이므로 법관이 어떤 경험칙의 유무를 판단함에 있어서는 당사자의 주장이나 증명에 구애됨이 없이 법관 스스로 직권에 의하여 이를 판단할 수 있으며, 사실인 관습은 일반생활에 있어서의 일종의 경험칙이다(대법원 1976. 7. 13. 선고 76다983 판결). 따라서 관습의 유무도 자백의 대상이 될 수 없다.

36) 대법원 1970. 11. 30. 선고 70다2243 판결

37) 자인진술과 선행자백의 개념에 관하여, '당사자 일방이 상대방의 주장에 앞서서 미리 자기에게 불이익한 사실을 진술한 것'이 선행자백인가, 아니면 상대방이 위 진술을 원용함으로써 재판상의 자백으로 되어야 선행자백인가 하는 점에 관하여 논란이 있다. 판례는 선행자백을 대체로 후자의 의미로 사용하고 대신 전자에 해당하는 것으로는 '자인진술'이라는 용어를 사용하여 구별하고 있다(대법원 1992. 8. 14. 선고 92다14724 판결). 한편 당사자 일방의 진술에 잘못된 계산이나 표현상의 잘못이 있고, 잘못이 분명한 경우에는 비록 상대방이 이를 원용하였다고 하더라도 당사자 쌍방의 주장이 일치한다고 할 수 없으므로 자백(선행자백)이 성립할 수 없다(대법원 2018. 8. 1. 선고 2018다229564 판결).

38) 대법원 1988. 12. 13. 선고 87다카3147 판결

39) 나아가 원고가 스스로 자기에게 불리한 진술을 한 경우에는 피고의 원용이 없더라도 주장 자체에 의하여 이유 없다는 이유로 청구를 기각하여야 하는 수가 있음을 유의하여야 한다.

[기재례]

① …… 사실은 원고가 자인하고 있고(또는 원고 스스로 인정하고 있고), ……

② ……(증거)에 의하면 ……, 원고가 피고에게 …… 10,000,000원을 …… 대여한 사실을 인정할 수 있고, 한편 원고는 2021. 5. 31. 피고로부터 위 금전 중 2,000,000원을 변제받은 사실을 자인하고 있다. 그렇다면 피고는 원고에게 나머지 차용금 8,000,000원을 지급할 의무가 있으므로, ……

다) 자백의 기재방식

(1) 전통적 방식

청구원인 또는 항변 등을 구성하는 요건사실들에 대하여 다툼이 없을 때에는 이러한 다툼 없는 요건사실들을 모아 한꺼번에 기재한 다음 일괄하여 다툼이 없다는 취지의 설시를 한다.

[기재례]

① 별지 목록 기재 건물이 원고 소유인 사실, 피고가 이를 점유하고 있는 사실은 당사자 사이에 다툼이 없다.

② 피고는 원고에 대한 대여금 채권으로 위 약속어음금 채권과 상계한다고 항변하므로 살피건대, 피고가 2023. 2. 1. 원고에게 10,000,000원을 이자 월 1%, 변제기 2023. 5. 31.로 정하여 대여한 사실은 당사자 사이에 다툼이 없고, ……(기타의 요건사실의 인정 및 법률판단을 계속함)

다툼이 없는 사실이 청구원인, 항변, 재항변 등의 각 단계에 걸쳐서 곳곳에 산재할 때에는 각 단계의 사실 확정시마다 따로따로 다툼이 없다는 취지의 설시를 한다. 이를 일괄하여 한꺼번에 설시하게 되면 이들 각 사실의 논리적, 시간적 전후 관계가 무시되어 판결 이유의 정연한 체계가 무너지고, 읽는 사람에게 그 사실판단이 그 판결에서 갖고 있는 의미와 관련성을 이해시키는 데 곤란을 주기 때문이다.

요건사실의 일부만 다툼이 없고 나머지는 다툼이 있는 경우에는 두 부분을 분리하여 설시한다. 보통은 다툼 없는 사실 부분을 먼저 설시하고 이어 증거에 의하여 나머지 인정사실을 설시하게 되나, 다툼 없는 사실을 먼저 설시하는 것이 논리적 순서에 어긋나거나 기타 사유로 이 방법이 부적당할 때에는 순서를 바꾸어 다툼 없는 사실의 설시를 뒤에 하는 경우도 있다.[40)]

동일한 요건사실에 대하여 공동소송인 중 일부만 자백한 경우에는 자백하지 아니한 공동소송인에 대하여는 자백의 효력이 미치지 아니하므로[41)] 그 공동소송인에 대하여는 별도의 증거에 의하여 사실을 인정한다.

[기재례]

① …… 사실은 당사자 사이에 다툼이 없고, ……(증거)에 의하면 …… 사실을 인정할 수 있다.

② ……(증거)에 의하면 …… 사실을 인정할 수 있고, …… 사실은 당사자 사이에 다툼이 없다.

③ …… 사실은 원고와 피고 甲 사이에서는 다툼이 없고, 원고와 피고 乙 사이에서는 ……(증거)에 의하여 인정할 수 있다.

(2) 새로운 방식

새로운 작성방식에서는 요건사실 중 일부에 대해서만 자백이 성립하는 경우, 다툼이 없는 사실과 증거로 인정하는 사실을 구분하여 기재하는 전통적 방식과 달리, 일반적으로 다툼 없는 사실을 따로 가려내지 않고 증거로 인정하는 사실과 통합적으로 설시한다. 「판결서 작성방식에 관한 권장사항」 제9조 제2항 전단이 인정근거(증거 또는 자백)는 인정사실의 모두 또는 말미에 일괄 기재할 수 있다고 한 것도 같은 취지이다.[42)]

실무상 가장 흔하게 볼 수 있는 설시방식은 「다음 각 사실은 당사자 사이에 다툼이 없거나 ……(증거)에 의하여 인정할 수 있다.」는 형태이다.

---

40) 예컨대, 매매계약 해제로 인한 원상회복을 청구한 경우, 매매계약의 체결 → 채무불이행 → 계약해제의 의사표시의 순으로 설시하게 되는데, 계약해제의 의사표시에 대하여 자백한다고 하여 이를 다른 사실인정에 앞서 설시하는 것은 논리적이라 할 수 없다.

41) 대법원 1976. 8. 24. 선고 75다2152 판결. 물론 필수적 공동소송에서는 합일확정의 필요성으로 인하여 전원이 함께 자백한 경우에만 자백으로서의 효력이 있다.

42) 「판결서 작성방식에 관한 권장사항」 제9조 제2항 후단은 인정근거(증거 또는 자백)는 인정사실의 중간에 괄호를 넣어 기재할 수 있다고 규정하나, 실무에서는 흔히 사용하지 아니하는 형식이므로 이러한 형식의 설시는 신중할 필요가 있다.

[기재례] (다툼없는 사실과 증거로 인정하는 사실의 통합설시)

① 피고가 2023. 10. 12. 원고에게 별지 기재 약속어음 3장을 발행 교부하였고, 원고가 위 각 약속어음을 소지하고 있는 사실은 당사자 사이에 다툼이 없거나 ……(증거)에 의하여 인정할 수 있다. 따라서 피고는 원고에게 위 약속어음금 합계 6천만 원 및 지연손해금을 지급할 의무가 있다.

② 1. 청구원인
피고가 2023. 10. 12. 원고에게 별지 기재 약속어음 3장을 발행 교부하였고, 원고가 위 각 어음을 소지하고 있다(갑 1호증의 기재, 다툼 없는 사실[43]).
따라서 피고는 원고에게 위 어음금 합계 6천만 원 및 지연손해금을 지급할 의무가 있다.

라) 자백의 취소[44]

(1) 총설

자백은 원래 당사자의 자유처분이 허용되는 사항에 관한 것이므로 상대방이 자백의 취소에 동의하면 후술하는 취소의 요건이 구비되어 있지 아니하더라도 그 취소는 유효하다.[45] 이러한 경우에는 자백 취소의 당부를 판단할 필요 없이 원래부터 그 자백이 없었던 것으로 취급하여 증거에 의한 사실인정으로 들어간다.

그러나 상대방이 자백의 취소에 동의하지 아니할 때에는, 자백한 당사자는 자백이 진실에 어긋나고 착오로 말미암은 것임을 증명하여야 한다(제288조 단서).[46] 자백이 진실에 어긋나는 것임이 증명된다고 하더라도 착오로 말미암은 것으로 추정되지는 아니하므로 나아가 그것이 착오로 인한 것임을 증명하지 못하면 자백의 취소는 그 효력이 없다.[47]

---

43) 각주 42)에서 본 바와 같이 이러한 형식의 설시는 신중할 필요가 있다.

44) 자백의 성립 후 청구를 교환적으로 변경한 경우에는 자백의 대상이 없어짐으로써 그 효력이 소멸되므로 자백의 취소와 구별하여야 한다(대법원 1995. 1. 24. 선고 94다12142 판결, 1997. 4. 22. 선고 95다10204 판결).

45) 대법원 1994. 9. 27. 선고 94다22897 판결

46) 대법원 1991. 8. 27. 선고 91다15591, 15607 판결, 1996. 2. 23. 선고 94다31976 판결

47) 대법원 1991. 12. 24. 선고 91다21145, 21152 판결, 1994. 6. 14. 선고 94다14797 판결, 2010. 2. 11. 선고 2009다84288, 84295 판결
그런데 자백이 착오에 기인한 것임은 변론 전체의 취지만에 의해서도 인정할 수 있으므로

자백의 취소는 반드시 명시적 방법으로만 하여야 하는 것은 아니고, 전에 자백한 사실과 상충되는 사실을 주장하는 등 묵시적 방법으로도 할 수 있다.[48] 일단 자백이 성립되었다고 하더라도 그 후 그 자백을 한 당사자가 종전의 자백과 배치되는 내용의 주장을 하고 이에 대하여 상대방이 이의를 제기함이 없이 뒤의 주장내용을 인정한 때에는 종전의 자백은 취소되고 새로운 자백이 성립된 것으로 보아야 하지만,[49] 자백의 취소에 대하여 상대방이 아무런 이의를 제기하고 있지 않다는 것만으로는 그 취소를 인정할 수 없다.[50]

(2) 자백취소가 효력이 없는 경우

자백이 취소된 경우 그 유효 여부가 다투어져 심리한 결과 취소의 효력이 없는 것으로 인정될 때에는, 당초의 자백에 따라 다툼 없는 사실로 설시한 다음 그 자백의 취소가 효력이 없는 것임을 판시하여 주는데 보통은 괄호 안에 넣어 부기하는 방식을 취한다.

일반적으로는 자백 취소의 효력 부분을 구체적으로 밝혀 설시하나, 판결서에서 중요한 것은 자백취소의 대상이 된 요건사실이 인정되느냐 않느냐 하는 점이고 자백이 유효하게 취소되었느냐의 여부는 사실인정의 근거 내지 경위에 지나지 않는다고 보아 설시하지 않거나 설시하더라도 간단히 기재하면 충분하다는 견해도 있다.[51] 자백이 진실에 반하고 착오로 인한 것이라는 점이 인정되지 않아서 결국 자백취소가 인정되지 않는 경우라면 「…… 사실은 당사자 사이에 다툼이 없다.」라고만 설시하더라도 거기에 자백취소를 인정하지 않는 취지가 간접적으로 표시되었다고 보는 것이다.[52]

그 증명이 비교적 용이하다(대법원 2000. 9. 8. 선고 2000다23013 판결).

48) 대법원 1990. 6. 26. 선고 89다카14240 판결, 1994. 9. 27. 선고 94다22897 판결, 1996. 2. 23. 선고 94다31976 판결, 2001. 4. 13. 선고 2001다6367 판결

49) 대법원 1990. 11. 27. 선고 90다카20548 판결

50) 대법원 1987. 7. 7. 선고 87다카69 판결, 1994. 9. 27. 선고 94다22897 판결

51) 새로운 판결서 작성방식, 77~78쪽

52) 위 방식에 따른 기재례는 다음과 같다.
① 「원고가 2023. 5. 18. 피고에게 별지 목록 기재 부동산을 대금 5천만 원에 매도한 사실은 당사자 사이에 다툼이 없다.」
② 「원고가 2023. 5. 18. 피고에게 별지 목록 기재 부동산을 대금 5천만 원에 매도한 사실은 당사자 사이에 다툼이 없다(이 점에 대한 피고의 자백취소는 효력이 없다).」

판례는 서증의 진정성립에 관한 자백의 취소에 관하여도 주요사실에 관한 자백의 취소와 마찬가지로 취급하고 있다.[53)]

[기재례]

① 원고가 2023. 5. 18. 피고에게 별지 목록 기재 부동산을 대금 50,000,000원에 매도한 사실은 당사자 사이에 다툼이 없다(피고는 위 매수사실을 자백하였다가 제3차 변론기일에서 이를 취소하였으나, 위 자백이 진실에 어긋나고 착오로 말미암은 것이라는 점에 부합하는 듯한 증인 甲, 乙의 각 증언은 믿기 어렵고 달리 이를 인정할 증거가 없으므로, 위 자백취소는 효력이 없다).

② 갑 1호증(매매계약서, 피고는 진정성립을 인정하였다가 제3차 변론기일에서 이를 취소하였으나, 위 성립인정이 진실에 어긋나고 착오로 말미암은 것임을 인정할 증거가 없으므로, 위 취소는 효력이 없다), 갑 2호증, ……

(3) 자백취소가 유효한 경우

전통적 방식에서는, 자백이 취소된 경우에 그 유효 여부가 다투어져 심리한 결과 자백의 취소가 유효한 것으로 인정될 때 상대방의 주장사실을 배척한 다음에 그 자백의 취소가 유효한 것임을 판시하여 주는 것이 일반적이다. 이 점에서 앞서 설명한 상대방이 자백 취소에 동의한 경우와 다르다.

이에 대하여 자백이 진실에 반하고 착오로 인한 것임이 인정되어 결국 자백취소가 인정되는 경우라면, 그 대상사실을 인정할 증거가 없다고만 설시하더라도 자백은 취소된 것으로 보는 법원의 판단이 간접적으로 표명된 것이므로 이에 대한 판단을 기재할 필요가 없고 설령 자백이 취소되어 효력이 없다는 판단을 기재하는 경우에도 전통적 방식보다는 훨씬 간략하게 하더라도 무방하다는 견해도 있다.[54)]

---

53) 대법원 1988. 12. 20. 선고 88다카3083 판결, 1990. 3. 9. 선고 89다카21781 판결, 1991. 1. 11. 선고 90다8244 판결

54) 새로운 판결서 작성방식, 78쪽
위 방식에 따른 기재례는 다음과 같다.
「원고는 ……라고 주장하나, 이에 부합하는 ……(증거)는 믿을 수 없고 달리 이를 인정할 증거가 없다(이 점에 대한 피고의 자백은 진실에 반하고 착오로 인한 것으로 인정되므로 적법하게 취소되었다).」

[기재례]

원고는 ……라고 주장하나, 이에 부합하는 ……(증거)는 믿을 수 없고 달리 이를 인정할 증거가 없다[피고가 이 사건 제2차 변론기일에 원고의 위 주장사실을 자백하였으나, ……(증거)에 의하면 …… 사실을 인정할 수 있고 반증이 없으므로, 위 자백은 진실에 반하고 착오로 인한 것이라고 봄이 상당하고, 따라서 이 사건 제3차 변론기일에서 피고가 한 취소의 의사표시에 의하여 적법하게 취소되었다].

2) 자백한 것으로 간주되는 사실

가) 당사자가 변론에서 상대방이 주장한 사실을 명백히 다투지 않은 경우 또는 당사자의 일방이 변론기일이나 변론준비기일에 불출석한 경우에는 상대방의 주장사실을 자백한 것으로 간주한다(제150조, 제286조). 이를 자백간주라고 한다.

전자의 경우 변론종결 당시를 기준으로 변론 전체의 취지에 의하여 상대방의 주장사실을 다투었다고 인정되면 자백간주는 성립하지 아니하므로(제150조 제1항 단서),[55] 실무에서 이러한 경우의 자백간주는 다소 신중하게 판단한다. 재판부가 명시적으로 석명을 하였음에도 아무런 답변을 하지 않는 경우에는 자백간주로 보아도 무방할 것이나, 상대방 당사자가 주요사실의 존재를 명시적으로 다투고 있다면 주요사실을 뒷받침하기 위하여 주장된 간접사실에 대하여 아무런 언급을 하지 않는다는 사정만으로 자백간주를 손쉽게 인정하기는 어려울 것이다.[56]

후자의 경우 자백간주가 성립하기 위해서는 출석한 당사자의 주장사실이 소장, 준비서면 등에 의하여 준비되고 그것이 미리 불출석 당사자에게 송달되어 있어야 하며(제276조 참조), 불출석 당사자가 상대방의 주장사실을 다투는 답변서 기타 준비서면을 제출하지 아니하였어야 하고(제148조 제1항 참조), 불출석 당사자가 공시송달의 방법으로 기일통지서를 송달받은 경우가 아니어야 한다(제150조 제3항 단서 참조).[57]

55) 대법원 1981. 7. 7. 선고 80다1424 판결

56) 예를 들어 원고가 임차인임을 주장하면서 임대인을 피고로 하여 임대차보증금을 청구하는 사건에서 피고가 원고의 임차인 지위 자체를 다투면서 월차임도 원고가 아닌 제3자가 지급하였다고 주장하는 경우, 원고가 월차임 지급 여부에 대하여 특별한 답변을 하지 않았다 하더라도 이를 자백한 것으로 간주할 수는 없다.

57) 그러나 상대방이 일단 공시송달의 방법에 의하지 아니한 적법한 기일통지서를 송달받고도 불출석하여 자백간주가 성립되면, 그 후 그 상대방에 대한 기일통지서가 송달불능되어 공시송

나) 요건사실 중 일부가 자백간주 사실인 경우 전통적 방식은 「…… 사실은 민사소송법 제150조에 의하여 피고가 이를 자백한 것으로 본다.」고 기재하고, 새로운 방식은 다른 요건사실과 병렬적으로 사실을 기재한 후 인정근거에 「(당사자 사이에) 다툼이 없거나 명백히 다투지 아니하는 사실」등으로 기재하면 된다.

반면 청구원인 전체가 자백한 것으로 간주된 경우 전통적 방식은 요건사실에 맞추어 청구원인사실을 전부 기재하였으나, 새로운 방식은 청구를 특정함에 필요한 사항만을 간략하게 표시한 후 그 근거조항을 명시하고 있다.[58][59]

[기재례] (청구원인사실 전부가 피고의 불출석으로 자백간주된 경우)

❒ 전통적 방식

원고는 ……(청구원인사실)라고 주장하는바, 민사소송법 제150조에 의하여 피고는 이를 자백한 것으로 본다.

❒ 새로운 방식

1. 청구의 표시

   원고의 피고에 대한 2013. 1. 23.자 대여금 5천만 원(이자 월 1%, 변제기 2013. 12. 31.)의 원리금 및 지연손해금

2. 적용법조

   민사소송법 제208조 제3항 제2호(피고 불출석으로 인한 자백간주)

달을 하게 되더라도 이미 발생한 자백간주의 효과가 상실되는 것이 아니다(대법원 1988. 2. 23. 선고 87다카961 판결). 제1심에서 피고에 대하여 공시송달로 재판이 진행되어 피고에 대한 청구가 기각되었다고 하여도 피고가 원고 청구원인을 다툰 것으로 볼 수 없으므로, 원고가 항소한 항소심에서 피고가 공시송달이 아닌 방법으로 송달받고도 다투지 아니한 경우에는 자백간주가 성립된다(대법원 2018. 7. 12. 선고 2015다36167 판결).

58) 민사소송법 제208조 제3항은 자백간주 또는 공시송달 사건에 대한 판결 및 무변론판결(피고가 소장의 송달을 받고도 30일 내에 답변서를 제출하지 아니하여 청구원인사실을 자백한 것으로 보고 재판하는 판결)에서는 기판력의 객관적 범위를 확정할 수 있을 정도까지만 소송물을 특정하여 기재하면 족하다는 인식하에서, 이유에서 청구를 특정함에 필요한 사항과 상계주장의 판단에 관한 사항만을 간략하게 표시할 수 있다고 규정한다. 한편 「판결서 작성방식에 관한 권장사항」 제6조 제1항은 자백, 자백간주, 공시송달에 의한 사건 또는 청구원인 사실에 다툼이 없는 사건은 다음 방법(1. 청구원인 사실 중 청구를 특정함에 필요한 최소한의 요건사실만 기재하는 방법, 2. 청구원인이 기재된 소장 등의 해당 부분을 사본하여 판결서에 첨부하는 방법) 중 적절한 방법에 따라 청구원인의 일부 또는 전부를 생략할 수 있다고 규정하고, 제2항은 그 인정근거를 법률조문으로 간략하게 표시한다고 규정한다.

59) 앞에 있는 1장 3절 2. 다 2) 부분 참조

3) 법원에 현저하거나 경험칙상 인정되는 사실

전통적 방식은 공지의 사실, 경험칙에 의하여 인정되는 사실, 법원에 현저한 사실을 증거에 의하여 인정하는 사실이나 다툼 없는 사실과 분리하여 별도로 인정근거를 적시한다. 수식 및 기간의 계산 내용도 「계산상 명백하다」 또는 「역수상 명백하다」는 표현을 사용하고, 취소·해지·해제·상계 등의 의사표시가 소송절차 내에서 소장 또는 준비서면의 송달이나 변론기일의 진술에 의하여 행해지는 경우에 그 의사표시의 도달에 관한 사실은 「기록상 명백하다」는 표현으로 다른 사실과 구분하여 설시한다.

반면 새로운 방식은, 경험칙상 인정되는 사실이나 법원에 현저한 사실이라도 당사자 사이에 다툼이 없는 사실과 마찬가지로 증거에 의하여 인정하는 사실과 통합하여 설시하거나 「법원에 현저하다」는 인정근거를 생략하기도 한다. 구체적으로는 「다음 사실은 법원에 현저하거나 ……(증거) 및 경험칙에 의하여 인정된다.」고 설시하고 이어서 인정사실을 항목별로 설시하는 형태를 취하기도 하고, 증거에 의하여 인정되는 사실과 경험칙에 의하여 인정되는 사실이나 법원에 현저한 사실을 각각 항목을 나누어 설시하고 각 인정사실의 끝 부분에 괄호를 하고 그 인정근거를 기재하는 방식을 사용하기도 한다. 수식(數式)이나 기간계산의 결과 및 소송절차에서 한 의사표시의 도달사실이 분명하다는 점도, 『계산상』·『역수상』·『기록상』 등의 문구를 부가하지 않더라도 판결내용을 이해하는 데 지장이 없고 소송법상으로 요구되는 바도 아니므로 구분하여 근거를 밝히지 아니하기도 한다.

[기재례] (법원에 현저한 사실 – 가압류이의사건의 가압류결정)

❒ 전통적 방식

채권자가 채무자에 대한 서울 서초구 서초동 1000 지상 건물의 공사대금채권을 보전하기 위하여 한 가압류신청사건에서 서울중앙지방법원이 2023. 4. 15. 2023카합257호로 별지 목록 기재 부동산에 대한 가압류결정을 한 사실은 이 법원에 현저하다. ……(증거)에 의하면 채권자는 2022. 6. 20. 채무자로부터 위 건물 신축공사를 80,000,000원에 도급받아 그 무렵부터 공사를 시작하였으나 2022. 10. 20.경 도산하여 공사를 중단하였고, 그 때까지 채권자가 시공한 부분의 기성금은 50,000,000원 상당인 사실을 인정할 수 있고, 이에 반하는 증인 이을남의 증언은 믿을 수 없으므로, 채권자는 채무자에 대하여 위 기성공사대금 상당인 50,000,000원의 공사대금채권을 가진다고 할 것이다.

이에 대하여 채무자는 위 시공금액 이상의 공사대금을 선도금으로 이미 지급하여 모두 변제하였다고 항변하므로 살피건대, ……(증거)에 의하면 채무자는 위 공사도급계약 체결 당일부터 2022. 9. 20.까지 매월 20일에 선급금 및 기성고대금으로 각 20,000,000원, 합계 60,000,000원을 지급한 사실을 인정할 수 있으므로 채무자의 위 항변은 이유 있다.

❒ 새로운 방식

1. 인정사실

가. 가압류결정

채권자가 채무자에 대한 서울 서초구 서초동 1000 지상 건물의 공사대금채권을 보전하기 위하여 한 가압류신청사건에서 서울중앙지방법원이 2023. 4. 15. 2023카합257호로 별지 목록 기재 부동산에 대한 가압류결정을 하였다.[60]

나. 피보전권리의 존부

……(증거)에 의하면, 채권자는 2022. 6. 20. 채무자로부터 위 건물 신축공사를 8천만 원에 도급받아 시공하던 중 2022. 10. 말경 공사를 중단하였는데 그 때까지 시공한 부분의 공사가액이 5천만 원 상당인 사실, 채무자는 채권자에게 위 도급계약 체결 당일부터 2022. 9. 20.까지 매월 20일에 선급금 및 기성고대금으로 합계 6천만 원을 지급한 사실을 인정할 수 있다.

[기재례] (기간계산상 명백한 사실 – 시효기간의 경과)

❒ 전통적 방식

원고의 이 사건 소가 위 점유상실일로부터 10년이 경과한 후인 2023. 9. 20. 제기되었음이 기록 및 역수상 명백하므로 시효취득을 원인으로 한 원고의 위 소유권이전등기청구권은 시효로 소멸하였다 할 것이니 피고의 항변은 이유있다.

❒ 새로운 방식

이 사건 소는 위 점유상실일로부터 10년이 경과한 후인 2023. 9. 20. 제기되었으므로 원고의 위 소유권이전등기청구권은 시효로 소멸하였다.[61]

---

60) 당해 사건의 소송기록상 명백한 사실이므로 「법원에 현저하다」 또는 「기록상 명백하다」는 기재를 하지 않은 설시이다.

61) 「기록 및 역수상 분명하다」는 설시를 생략하였다.

[기재례] (소송절차상 있었던 사실 – 상계 준비서면의 송달사실)

❐ 전통적 방식

피고는 원고에 대한 대여금채권으로 원고의 위 공사대금채권과 상계한다고 항변하므로 살피건대, ……(증거)에 의하면 ……(자동채권 발생의 요건사실)을 인정할 수 있고 반증이 없는바, 위 대여금채권의 변제기가 도래함으로써 원·피고의 양 채권은 모두 변제기에 도달하여 상계적상에 있었다 할 것이고, 위 각 채권을 대등액에서 상계한다는 의사표시가 기재된 피고 제출의 이 사건 2023. 10. 5.자 준비서면이 같은 날 원고에게 송달된 사실은 기록상 분명하므로, 이로써 원고의 위 공사대금채권과 피고의 위 대여금채권의 변제기까지의 원리금 56,000,000원은 대등액의 범위에서 소멸하였다 할 것이니, 결국 원고의 위 공사대금채권은 44,000,000원이 남아 있음이 계산상 명백하다.

❐ 새로운 방식

다. 상계항변

1) 피고는 원고에게 ……(자동채권)을 대여하였다(을 5, 증인 조정호).

2) 위 대여금채권과 이 사건 공사대금채권을 상계한다는 피고의 준비서면이 2023. 10. 5. 원고에게 송달되었다.[62]

3) 따라서 원고의 위 공사대금채권과 피고의 위 대여금채권의 변제기까지의 원리금 56,000,000원이 상계로 소멸하여, 결국 위 공사대금채권은 44,000,000원이 남아 있다.

4) 법률상 추정되는 사실

가) 의의

일반적 의미의 추정(推定)이란 어느 사실에서 다른 사실을 추인(推認)하는 것을 말하는데, 여기에는 사실상의 추정과 법률상의 추정이 있다. 사실상의 추정은 경험칙을 적용하여 추정하는 것이고, 법률상의 추정은 이미 법규화된 추정규정을 근거로 추정하는 것이다. 법률상의 추정은 다시 법률상의 사실추정과 법률상의 권리추정으로 나뉘는데, 본 항에서 설명하는 추정은 위 두 가지 법률상 추정을 말한다.

---

62) 송달사실이 기록상 분명하다는 설시를 생략한 것이고, 법정진술에 의하여 상계의 의사표시를 한 경우에는 「피고가 2019. 10. 5. 이 사건 변론기일에서 원고에 대하여 위 양 채권을 상계한다는 의사표시를 하였다.」고 기재한다.

"甲 사실(전제사실)이 있을 때에는 乙 사실(추정사실)이 있는 것으로 추정한다."고 규정된 경우가 법률상의 사실추정이다. 예를 들면, 전후 양시에 각 점유한 사실이 있으면 그 점유가 계속된 것으로 추정하는 경우(민법 제198조), 여러 사람이 동일한 위난으로 사망하였을 때 동시사망으로 추정하는 경우(민법 제30조),[63] 동일한 행정구역 내에서 타인의 등기된 상호를 사용하면 부정한 목적이 있는 것으로 추정하는 경우(상법 제23조 제4항) 등이 그것이다.

이와 달리 "甲 사실이 있을 때에는 乙 권리가 있는 것으로 추정한다."고 규정된 경우가 법률상의 권리추정이다. 예를 들면, 점유사실에서 점유물 위에 행사하는 권리의 적법성을 추정하는 경우(민법 제200조), 구분소유하는 건물의 공용부분에 관하여 공유로 추정하는 경우(민법 제215조 제1항), 공유자의 지분이 균등한 것으로 추정하는 경우(민법 제262조 제2항), 그리고 등기명의자를 당해 부동산의 적법한 권리자로 추정하는 경우[64] 등이 그것이다.

한편, 법률이 추정이라는 용어를 사용하고 있다고 하여 모두 법률상의 추정에 해당하는 것은 아니다. 이를 의사적(疑似的) 추정 또는 유사적(類似的) 추정이라 부르기도 한다. 구체적으로는 ① 잠정적 진실(전제되는 간접사실이 없이 증명책임 전환의 의미가 있는 것, 민법 제197조 제1항, 상법 제47조 제2항, 어음법 제29조 제1항), ② 의사추정(의사의 해석규정에 해당하는 것, 민법 제153조 제1항, 제398조 제4항, 제579조, 제585조), ③ 증거법칙적 추정(요건사실 아닌 증거법칙에 관한 것, 제356조, 제358조) 등을 들 수 있다.

나) 효과

추정규정이 있는 경우에는 증명책임 있는 자는 乙 사실을 직접 증명할 수도 있으나, 보통은 그보다도 증명이 용이한 甲 사실의 증명으로 이에 갈음할 수 있다(증명주제의 선택). 이러한 의미에서 추정규정은 증명책임을 완화하는 것이라고 할 수 있다.

이에 대하여 상대방은 甲 사실이 증명되어도 乙 사실이 부존재한다는 것을 증명함

---

63) 대법원 1998. 8. 21. 선고 98다8974 판결

64) 법률에 명문으로 규정되어 있지는 아니하나, 판례에 의하여 법률상의 권리추정으로 취급되고 있다(대법원 1994. 9. 13. 선고 94다10160 판결, 1997. 5. 23. 선고 95다46654, 46661 판결).

으로써 추정을 번복할 수 있는데, 상대방이 乙 사실의 부존재에 대하여 증명책임을 부담하므로 증명책임이 전환된다. 따라서 법률상 추정을 번복하기 위해 세우는 증거는 본증이지 반증이 아니다. 그러나 인영의 진정성립 추정(제358조)과 같은 사실상의 추정은 반증으로 번복할 수 있다.[65]

간주는 추정과는 다르다. 간주된 사실에 대하여는 그것이 진실이 아님을 증명하는 것이 허용되지 않는다.

[기재례]

① 법률상의 사실추정

……(증거)에 의하면, 피고는 이 사건 토지를 2002. 6.경 점유한 바 있었고 그 후인 2018. 4.경부터 현재까지 점유하여 온 사실을 인정할 수 있으므로, 피고는 2002. 6.경부터 2018. 4.경까지 계속하여 이 사건 토지를 점유하였던 것으로 추정되고, 따라서 피고의 점유는 2002. 6.경부터 현재까지 계속되었다고 할 것이다.

② 법률상의 권리추정

별지 목록 제1의 가항 기재 토지에 관하여 2023. 8. 13. 원고 명의로 소유권이전등기가 마쳐진 사실, 피고가 위 토지 위에 별지 목록 제1의 나항 기재 건물을 신축하여 2023. 6. 21. 소유권보존등기를 마친 사실은 당사자 사이에 다툼이 없다.[66]

따라서 별지 목록 제1의 가항 기재 토지는 원고의 소유로 추정되고, ……

---

65) 대법원 1997. 6. 13. 선고 96재다462 판결

66) 소유권에 기한 인도청구의 요건사실은 ① 원고의 소유, ② 피고의 점유 사실이다. 피고에게 정당한 점유권원이 없다는 사실은 청구원인의 요건사실이 아니고, 반대로 피고에게 정당한 점유권원이 있다는 사실이 피고의 항변사실이다.

건물 철거청구의 요건사실은 ① 원고의 토지 소유, ② 피고의 지상 건물 소유 사실이다. 인도청구의 목적물이 토지이고 그 토지 위에 타인 소유의 건물이 존재하는 경우 토지 소유자는 토지를 인도받기 위한 전제로 건물 소유자를 상대로 건물의 철거를 구하여야 하고, 건물 철거를 구함이 없이 토지 인도만 구하여 청구가 인용되더라도 따로 건물 철거의 집행권원을 얻기 전에는 토지 인도의 집행이 불가능하게 된다. 나아가 건물을 소유자 이외의 자가 점유하고 있는 때에는 토지 소유자는 건물을 철거하기 위한 전제로 건물 점유자를 상대로 퇴거를 구하여야 한다. 이때에는 그 피고가 건물을 점유하고 있다는 사실이 요건사실로 추가된다.

나. 증거를 요하는 경우

1) 증거에 의해 사실을 인정하는 경우

당사자 사이에 다툼 있는 사실(상대방이 부인한 사실 및 상대방이 '부지'라고 진술하였기 때문에 다툰 것으로 추정되는 사실, 제150조 제2항 참조)로서 현저한 사실이 아닌 것은 증거에 의하여 사실을 인정하여야 한다.

당사자가 상대방의 주장사실을 단순히 부인하는 경우뿐만 아니라, 상대방의 주장사실과 양립할 수 없는 별개의 사실을 주장함으로써 간접적으로 상대방의 주장사실을 부인하는 경우(간접부인)에도 증거에 의하여 사실인정을 하여야 한다.[67] 예컨대, 당사자 사이에 금전이 수수되었다는 사실에 관하여는 다툼이 없으나, 원고는 그 수수의 원인이 소비대차라고 주장하고 피고는 전에 빌려준 금전을 변제받은 것에 불과하다고 다투는 경우에는, 소비대차임을 주장하는 원고가 증명책임을 부담한다.[68]

사실의 인정은 증거에 의하는 것이 원칙이므로, 사실인정의 기초로 할 수 있는 서증, 인증 등의 증거가 있을 때에는 그 증거에 의하여 사실을 인정하여야 하고, 증거조사의 결과를 명시하지 아니한 채 함부로 인정사실로 설시하여서는 안 된다. 또한 소장, 답변서 기타 준비서면 중에 한 것이든, 변론기일에서 구두로 한 것이든, 당사자가 한 개개의 주장 자체는 증거자료가 아니라 사실에 관한 주장에 불과하므로 이를 사실인정의 자료로 써도 안 된다. 그러므로 「당사자 쌍방의 주장을 종합하면 ……」이라든지 「……(증거) 및 준비서면의 기재를 종합하면 ……」이라는 기재는 피해야 한다.

---

67) 대법원 1990. 5. 25. 선고 89다카24797 판결 참조.

68) 대법원 1972. 12. 12. 선고 72다221 판결
그러나 피고가 특정한 채무의 변제조로 금전 등을 지급한 사실을 주장함에 대하여, 원고가 이를 수령한 사실을 인정하면서 다만 다른 채무의 변제에 충당하였다고 주장하는 경우에는, 원고는 다른 채권이 존재하는 사실과 다른 채권에 대한 변제충당의 합의가 있었다거나 다른 채권에 지정충당된 사실 또는 다른 채권이 법정충당의 우선순위에 있다는 사실을 주장·증명하여야 한다(대법원 1999. 12. 10. 선고 99다14433 판결).

2) 증거에 의한 사실인정 방식

가) 사실인정 기본형식

(1) 전통적 방식

전통적 방식은 다음 ① 내지 ④의 사항을 요소로 하여 아래 기재례와 같이 사실을 인정한다. 특히 ①, ②는 필수적으로 기재하고 ③, ④는 해당사항(즉, 반증이나 부족증거)이 있을 때만 기재한다.

① 증거의 거시(요증사실을 뒷받침하는 증거의 나열) ② 인정하는 사실의 설시 ③ 반증의 배척(믿지 아니하는 증거의 나열) ④ 부족한 증거의 표시(반증이 되기에 부족한 증거의 나열)

[기재례]

「……(①)에 의하면 ……(②) 사실을 인정할 수 있고, 이에 어긋나는 ……(③)은 믿기 어려우며(또는 믿지 아니하며) ……(④)만으로는 위 인정을 뒤집기에 부족하다(또는 위 인정에 방해가 되지 아니 한다).」

「갑 제1호증(약정서), 갑 제2호증(영수증)의 각 기재와 증인 김갑동의 증언에 변론 전체의 취지를 종합하면(①에 의하면), A사실, B사실(② 사실)을 인정할 수 있고, 이에 반하는 을 제3호증(확인서)의 기재와 증인 이을남의 증언은 믿기 어려우며(이에 어긋나는 ③은 믿기 어려우며), 을 제4호증(통고서), 을 제5호증(내용증명)의 각 기재만으로는 위 인정을 뒤집기에 부족하다(④만으로는 위 인정을 뒤집기에 부족하다).」[69]

(2) 새로운 방식

새로운 작성방식에서는 전통적 방식의 사실인정 기본형식에 구애받지 않고 각 구성요소의 나열순서를 사건에 따라 자유롭게 배치한다. 이와 관련하여 「판결서 작성방식에 관한 권장사항」은 다음과 같이 새로운 응용방식을 제시하고 있다. 우선 『채택증거』에 관하여 인정근거(증거 또는 자백)는 인정사실의 모두 또는 말미에 일괄 기재할 수 있다(제9조 제2항 전단)고 규정하고 있다.[70] 다음으로 『배척증거』에 관하여는 "본증에 의하

69) 실무에서는 부족한 증거를 설시한 다음, 다른 반증이 없다는 설시(「……달리 반증이 없다.」)를 하기도 한다.

여 주장사실을 인정하는 경우에 반증의 배척 또는 반증이 되기에 부족하거나 반증이 없다는 기재는 생략할 수 있다."(제10조 제1항)고 규정하고 있다.

「판결서 작성방식에 관한 권장사항」에서 제시한 증거설시의 방식은 다음과 같다.

1. 인정근거(증거 또는 자백)를 인정사실의 모두 또는 말미에 일괄 기재하는 방식(「판결서 작성방식에 관한 권장사항」 제9조 제2항 전단) 2. 채택증거와 인정사실(위 4개 요소 중 ①, ②)만 기재하고 나머지 요소(③, ④)의 기재는 생략하는 방법(「판결서 작성방식에 관한 권장사항」 제10조 제1항)

사실을 확정하기 위한 인정근거를 사실인정의 첫머리 또는 끝부분에 일괄하여 기재하는 방식과 「……(채택증거)에 의하면 다음 각 사실을 인정할 수 있다」고 하고, 뒤에 각 인정사실을 열거하는 방식의 설시로 실무에서 가장 흔하게 사용하는 형식이다.

그 외에도 「판결서 작성방식에 관한 권장사항」 제9조 제3항은 "필요하다고 인정되는 때에는 증거를 특정하지 아니한 채 단순히 '증거에 의하면'이라고 기재하거나, 증거의 거시를 일체 생략할 수 있다."고 규정하고 있다.[71] 이러한 방식이 필요하다고 인정되는 때라 함은 당사자 사이에 명백하게 자백이 성립된 것은 아니지만 실질적으로는 다툼이 없는 사실을 판결문에 설시할 때처럼 증거의 중요성이 상대적으로 덜한 경우에 한하여 극히 제한적으로만 이용될 수 있을 것이다. 원칙적으로 증거의 거시는 개별적·구체적으로 하여야 하며, 막연히 「기록에 의하면」이라든가, 「원고제출의 모든 증

---

70) 앞서 본 바와 같이, 「판결서 작성방식에 관한 권장사항」 제9조 제2항 후단은 인정근거(증거 또는 자백)는 인정사실의 중간에 괄호를 넣어 기재할 수 있다고 규정한다. 일반적인 경우에는 실무에서 흔히 사용하지 아니하는 형식이므로 이러한 형식의 설시는 신중할 필요가 있다. 다만 사실관계가 복잡한 사건에서 어떤 사실을 어떤 증거에 근거하여 인정한 것인지를 쉽게 알 수 없는 경우나 개별 사실인정 중에서 특히 근거를 밝힐 필요가 있다고 판단되는 경우에는 인정사실의 설시부분 뒤에 괄호를 넣어 인정근거를 분명히 기재하기도 한다. 뒤에서 보는 3) 가) (2) 새로운 방식 부분 참조

71) 인용증거와 배척증거를 사실인정의 첫머리 또는 끝부분에 일괄기재하는 방식으로 설시하더라도 당사자나 상급심의 입장에서는 각개의 사실인정에 어떠한 증거를 근거로 삼았는지 알기 어렵거나 거의 불가능한 만큼 과감히 증거를 생략하여도 별 문제가 없고 중요한 사실이나 다투어지는 사실의 경우에만 인정사실의 설시부분 뒤에 괄호를 치고 설명을 하면 충분하다는 점을 근거로 한다.

거에 의하면」이라든가, 「증인 甲의 증언 등에 의하면」이라는 등의 개괄적인 기재를 하여서는 안 되기 때문이다.[72]

[기재례]

① 인용증거와 배척증거를 사실인정의 도입부에서 일괄기재하는 방식

갑 1호증, 갑 2호증의 각 기재와 증인 김갑동의 증언에 변론 전체의 취지를 종합하면, 다음 각 사실을 인정할 수 있고, 이에 반하는 을 3호증의 기재와 증인 이을남의 증언은 믿기 어려우며, 을 4호증의 기재만으로는 위 인정을 뒤집기에 부족하고, 을 5호증의 기재는 위 인정에 방해되지 아니한다.

가. ……(A 사실)

나. ……(B 사실)

② 인용증거만 기재하고 배척증거, 부족증거 등은 생략하는 방식

갑 1호증, 갑 2호증의 각 기재와 증인 김갑동의 증언에 변론 전체의 취지를 종합하면 다음 각 사실을 인정할 수 있다.

가. …… (A 사실)

나. …… (B 사실)

③ 증거의 표목만 말미에 일괄기재하는 방식

1. 인정사실

가. …… (A 사실)

나. …… (B 사실)

[인정증거: 갑 1, 2호증의 각 기재, 증인 김갑동의 증언, 배척증거: 을 3호증의 기재, 증인 이을남의 증언][73]

---

72) 민사실무Ⅱ, 273쪽

73) 예외적으로, 인정사실마다 그 근거가 된 핵심증거를 괄호 속에 기재하는 방식에 따른 기재례는 다음과 같다.

「1. 인정사실

가. 원고는 2022. 6. 20. 피고로부터 …… (도급계약 조건)으로 이 사건 건물의 신축공사를 도급받았다(갑 1호증).

나. 피고는 위 계약당일 계약금 1억 원을 지급하였고, …… 잔금 5억 원은 공사완료 후 이 사건 건물을 임대하여 그 임대보증금으로 지급하기로 하였다(갑 1, 2호증).

다. 원고는 2023. 10. 27. 이 사건 건물을 완공하였다(갑 2호증, 증인 이정남).」

나) 거시 증거의 범위

전통적 방식이나 새로운 방식 모두 사실인정에 꼭 필요한 증거만을 뽑아내서 일정한 순서에 따라 정연하게 나열하는 것이 원칙이다. 다만 새로운 방식에서는 인정사실의 근거가 되는 증거가 다수 있을 경우에는 그 중 판단을 좌우할 만한 중요한 것만 거시하고(「판결서 작성방식에 관한 권장사항」 제9조 제1항), 증거의 내용이 같거나 비슷할 때에는 그 중 증거력이 가장 높은 것만 거시함(「판결서 작성방식에 관한 권장사항」 제8조 제2항)을 좀 더 강조한다.[74]

전통적 방식이든 새로운 방식이든 증거의 거시는 개별적, 구체적으로 하여야 하는 것이 원칙이다. 그렇다고 하여 증거의 내용(예컨대 '증인 甲의 ……라는 증언', '갑 제1호증(영수증) 중 ……라는 기재' 까지 일일이 구체적으로 기재할 필요는 없으므로,[75] 결국, 증거의 거시는 각 증거의 표목과 표제(실무에서는 새로운 방식에 따라 표제의 기재를 생략함이 일반적)를 기재하는 것으로 족하다. 어느 증거 중 일부만 믿고 나머지는 믿지 아니하는 경우에도 어느 부분을 믿는지 꼬집어 설명하지 않는다. 인정사실과 그 증거를 대조하여 보면 믿는 부분을 알 수 있기 때문이다.

한편 전통적 방식은 증거 내용 중 인정사실과 저촉되거나 모순되는 부분은 배척하는 표시를 하는 것을 권장하나,[76] 새로운 작성방식에서는 이를 생략할 수 있다고 명시하고 있고(「판결서 작성방식에 관한 권장사항」 제10조 제1항), 실무에서도 생략하는 경우가 다수이다.

---

74) 따라서 증거는 원칙적으로 사실관계의 파악이나 쟁점 판단에 꼭 필요한 핵심증거 및 사실인정의 근거로 되는 증거 중에 증명력이 유력한 주요증거를 중심으로 거시하고, 보충증거나 정황사실 또는 간접사실에 대한 증거는 특별히 필요한 경우가 아니면 생략할 수 있다. 그러므로 예컨대, 비슷한 내용의 경찰피의자신문조서와 검찰피의자신문조서가 모두 서증으로 제출된 경우에는 그 중 증명력이 높은 것만 선별하여 기재하고, 사실관계를 다투는 단순한 내용의 통고서와 같은 것을 망라하여 기재하는 것은 오히려 부적절하다.

75) 뒤에서 설명하는 특별한 경우가 아닌 한 그러한 기재는 판결 이유의 간결성을 해치고 내용을 번잡하게 하는 등 단점이 많기 때문이다.

76) 민사실무Ⅱ, 274쪽

3) 증거의 표시방법

가) 표시 위치

(1) 전통적 방식

전통적 방식은 청구원인 별로 다툼 없는 사실과 증거에 따라 인정하는 사실을 구별하여 기재하면서 증거도 사실별로 거시한다. 그러나 실무에서는 다툼 없는 사실과 증거에 따라 인정하는 사실이 명확히 구분되지 않는 경우가 많고 사실관계가 복잡하여 이러한 문장을 사용하면 가독성이 떨어질 우려가 있으며, 청구원인 별로 사실인정을 나눠서 하는 것이 적절하지 않은 경우도 많기 때문에 활용도가 높지 않다.

[기재례]

A 사실은 당사자 사이에 다툼이 없고, ……(증거)에 의하면, B 사실을 인정할 수 있다.

전통적 방식은 항목을 나누어서 여러 단계로 사실인정을 하는 경우에도, 어느 한 증거를 어느 항목에서는 일부 채용하고 어느 항목에서는 일부 배척한다면 이를 구분하여 표시한다. 예컨대, 1, 2, 3항으로 나누어 쓰는 경우, 증인 甲의 증언을 1항에서는 배척증거로 나열하고 2항에서는 채용증거로 거시하며 3항에서는 다시 배척증거로 한다면 다음과 같이 표시한다.

[기재례]

1. ……(A)사실을 인정할 수 있고 이에 어긋나는 증인 甲의 일부 증언은 믿기 어려우며 …….
2. …… 증인 甲의 일부 증언, …… 종합하면 ……(B)사실을 인정할 수 있고 …….
3. ……(C)사실을 인정할 수 있고 이에 어긋나는 증인 甲의 일부 증언은 믿기 어려우며 ……

(2) 새로운 방식

새로운 방식은 다툼 없는 사실과 증거에 따라 인정하는 사실을 구별하지 않고 인정사실의 첫 부분 또는 말미에 일괄하여 기재하는 것이 일반적이다(아래 기재례 ①, ②). 판결서 구성의 제2방식을 채택하여 기초사실을 설시할 때나 손해배상 사건에서 인정된 사실을 설시할 때에 특히 많이 활용된다. 사실관계가 복잡한 사건에서 어떤 사실을 어떤 증거에 근거하여 인정한 것인지를 쉽게 알 수 없는 경우나 개별 사실인정 중에서 특히 근거를 밝힐 필요가 있다고 판단되는 경우는 해당 사실의 다음에 괄호를 하여 증거를 표시하는 방법(아래 기재례 ③)을 사용하기도 한다.[77]

[기재례]

① 나열식 기재방법

1. 기초사실

가. 임대차 계약의 체결

나. 이 사건 부동산에 대한 경매 진행

[인정근거] 다툼 없는 사실, 갑 1호증의 기재, 증인 甲의 증언, 변론 전체의 취지

② 문장식 기재방법

1. 기초사실

다음과 같은 사실은 당사자 사이에 다툼이 없거나, 갑 1호증의 기재, 증인 甲의 증언 및 변론 전체의 취지에 의하여 인정할 수 있다.[78]

가. 임대차 계약의 체결

나. 이 사건 부동산에 대한 경매 진행

③ 괄호 기재방법

1. 기초사실

가. 원고는 2021. 5. 1. 피고에게 이 사건 부동산을 임대차보증금 1천만 원, 차임 월 30만 원으로 정하여 임대하였다(갑 1호증).

77) 「판결서 작성방식에 관한 권장사항」 제9조 제2항 후단

78) 「다툼 없는 사실 및 증거에 의하면, ……사실을 인정할 수 있다.」는 표현은 어법에 맞지 않다.

나) 표시 방법

(1) 서증

(가) 전통적 기재 방식과 새로운 기재 방식의 개괄적 비교

전통적 기재 방식은 서증의 경우 표목과 표제를 모두 기재하고, 증거의 성격에 따라 '기재', '형상', '영상'을 구별하여 구체적으로 기재한다.

예) 갑 제1호증의 1(진술조서)의 기재
갑 제1호증(약속어음)의 기재 및 형상
갑 제2호증(사진)의 영상

반면 새로운 기재 방식은 증거를 특정이 가능한 범위 내에서 아래와 같이 간결하게 표시하기도 한다.[79)]

① 표제 생략 → 갑 제1호증의 1 내지 4의 기재

② '제'의 생략 → 갑 1호증의 1 내지 4의 기재

③ '호증'의 생략 및 '내지'의 '~'로 변경 → 갑 1의 1~4의 기재

④ '기재'의 생략 → 갑 제1호증의 1 내지 4, 갑 1의 1~4

⑤ 가지번호 생략 → 갑 제1호증(가지번호 포함), 갑 1 내지 3호증(가지번호 있는 것은 각 가지번호 포함, 이하 같다)[80)]

실무에서는 위 방법들을 상황에 맞게 적절히 선택하여 활용하고 있다. 아래에서는 우선 전통적 방식을 기준으로 각 증거의 표시방법에 대해 살펴보되, 경우에 따라 새로운 방식의 표시방법도 같이 살펴본다.[81)]

(나) 서증 표목 및 표제의 거시

서증의 표목은 제출자에 따라 '갑'(원고 제출), '을'(피고 제출), '병'(독립당사자참가인 제출)의 부호를 붙이고, 각 제출 순서에 따라 번호를 붙여 특정한다(규칙 제107조

79) 새로 쓰는 민사판결서, 120쪽

80) 가지번호를 모두 포함하는 경우 구체적인 가지번호 기재를 생략하고 '갑 제1호증', '갑 1 내지 3호증'으로만 기재하기도 한다.

81) 증거기재에서의 '새로운 방식'은 그 방식 자체에 새로운 변화가 있다기보다는 종래의 방식을 간이화한 것에 불과하므로, 아래에서는 '새로운 방식'과 '간이한 방식'이라는 용어를 혼용한다.

제2항). 서증을 기재할 때에는 먼저 표목을 기재한 다음 괄호 안에 그 서증의 표제를 기재하고, 표제가 같은 서증이 여러 개일 때에는 모아서 기재한다. 새로운 방식에서는 표제의 기재를 대부분 생략한다.[82)]

공동소송인들이 각별로 서증을 제출한 때에는 「가, 나, 다, ……」 등의 가지부호를 붙이기도 한다(규칙 제107조 제3항).

[기재례] (전통적 방식)

① 갑 제1호증(매매계약서)

② 을 제3호증의 1 내지 4, 6, 8 내지 11(각 진술조서), 5, 7, 12(각 피의자신문조서)

③ 을가 제1호증(각서), 을나 제1호증(확인증)

서증의 제출은 원본, 정본 또는 인증이 있는 등본에 의하여야 하므로(제355조 제1항), 정본이나 등본이 제출된 때에는 문서 본래의 표제 뒤에 정본 또는 등본이라는 표시도 함께 기재한다(판결정본, 주민등록표등본 등).

소송기록에는 서증의 사본이 제출되어 편철된 경우라도, 이는 일반적으로 재판부가 법정에서 원본의 열독(서증에 대한 증거조사)을 마친 후 원본은 반환하고 사본을 제시받은 것이므로 사본의 표시 등은 필요하지 않다.[83)] 반면 처음부터 문서의 사본이 서증으로 제출되는 경우에는 그 표제에 '영수증 사본' 등과 같이 사본임을 표시하여야 하고, 이러한 서증은 그 원본의 존재 및 진정성립이 상대방에 의하여 인정되거나 다른 증거에 의해 증명되지 않으면 형식적 증거력이 없다.

서증은 그 존재 자체가 아니라 그 기재 내용이 증거자료로 되는 것이므로 서증을

---

82) 「판결서 작성방식의 개선을 위한 참고사항」은 표제의 기재를 생략할 수 있도록 하고 있다. 이에 따라 실무에서는 서증을 인정증거로서 거시할 때 서증의 표목(예: 갑 1호증)만을 기재하고 표제(예: 매매계약서)의 기재를 생략함이 일반적이다.

83) 대법원 1997. 11. 14. 선고 97다30356 판결, 1999. 11. 12. 선고 99다38224 판결
다만, 원본이 현존하지 아니하는 문서 사본도 과거에 존재한 적이 있는 문서를 전자복사한 것이라면 원본의 존재 및 진정성립을 인정하여 서증으로 채용할 수 있다(대법원 1992. 12. 22. 선고 91다35540, 35557 판결). 그리고 상대방이 원본의 존재나 성립을 인정하고 사본으로써 원본에 갈음하는 것에 대하여 이의가 없는 경우에는 사본을 원본에 갈음하여 제출할 수 있다(대법원 2002. 8. 27. 선고 2001다79457 판결).

거시할 때에는 「갑 제1호증(매매계약서)의 '기재'에 의하면」이라고 하여야 하고, 「갑 제1호증(매매계약서)에 의하면」이라고 해서는 안 되는 것이 원칙이나, 새로운 방식에서는 이를 엄격하게 준수하지는 않는다.

(다) 서증의 형식적 증거력

전통적 방식에서 서증을 증거로 쓰기 위해서는 우선 그 서증의 형식적 증거력의 유무, 즉 성립의 진부(증명자가 작성자로 주장하는 특정인의 의사, 판단, 감상 등의 표현이라고 인정될 수 있는가의 여부)를 확정한 다음에서야 서증을 사실인정의 자료로 쓸 수 있다.[84] 따라서 서증을 거시할 때 증거표목과 표제 앞에 그 서증의 형식적 증거력을 인정한 근거를 반드시 설시한다. 「성립에 다툼이 없는」, 「공문서이므로 진정성립이 추정되는」, 「피고의 인영부분에 다툼이 없어 문서전체의 진정성립이 추정되는」, 「원고와 피고 甲 사이에서는 성립에 다툼이 없고, 원고와 피고 乙 사이에서는 증인 김갑동의 증언에 의하여 진정성립이 인정되는」, 「공문서 부분은 성립에 다툼이 없고, 사문서 부분은 변론 전체의 취지에 의하여 진정성립이 인정되는」 등의 설시부분이 이에 해당한다.

반면 새로운 방식에서는 상대방이 위조항변을 제출하는 등 적극적으로 진정성립을 다툰 경우에만 서증의 형식적 증거력의 인정근거를 설시하고 그 외에는 기재하지 아니한다(「판결서 작성방식에 관한 권장사항」 제8조 제3항). 즉 전통적 방식에서는 「성립에 다툼이 없는 갑 제1호증(매매계약서)」라고 기재해야 하는 것을, 새로운 방식에서는 단순히 「갑 1호증」으로 기재하더라도 무방하다. 특히 진정성립에 다툼이 없는 문서, 공문서, 쟁점 외의 사실을 인정하는 서증 등은 위와 같이 형식적 증거력 부분을 생략하는 설시방법이 널리 이용되고 있다.

그러나 새로운 방식에 의하더라도 상대방이 문서의 진정성립을 적극적으로 다투거나 서증의 진정성립에 석연치 않은 점이 있을 때, 서증의 진정성립 여부가 쟁점이 된 때, 서증이 당해 사건의 쟁점이 되는 주요사실을 인정하는 자료로 쓰는 데 상대방이 그 증거능력을 다툴 때 등 증거능력에 대한 명시적인 판단이 필요한 때에는 문서가

---

84) 대법원 2002. 8. 23. 선고 2000다66133 판결

어떠한 이유로 증거능력이 있는 것인지 설시하는 것이 옳다. 사문서의 경우 그것이 어떠한 증거에 의하여 진정성립이 인정된 것인지 잘 알아보기 어려운 경우에도 그 근거를 분명히 밝혀 설시하는 것이 바람직하다.[85] 새로운 방식에서 통상 증거항변에 대한 판단은 해당 증거 다음의 괄호 안에서 하나, 증거항변이 중요한 쟁점인 경우는 [인정근거] 아래에 따로 설시하기도 한다.[86]

[기재례] (서증에 관한 인장도용의 증거항변을 인정하는 경우)

❐ 전통적 방식

원고는 ……라고 주장한다. 살피건대, 갑 제1호증의 1(약속어음 표면)에 있는 피고 이름 다음의 인영이 피고의 인장에 의한 것임은 당사자 사이에 다툼이 없으나, 한편 을 제3호증의 1, 2(각 피의자신문조서)의 각 기재와 증인 乙, 丙의 각 증언 및 변론 전체의 취지를 종합하면, 피고의 피용인이었다가 해고된 소외 乙이 2023. 8. 4. 밤 피고의 사무실에 몰래 들어가 책상 서랍에 보관 중이던 피고의 인장과 약속어음용지를 꺼내어 그 용지에 피고가 약속어음을 발행하는 것처럼 기재하고 피고의 인장을 날인하여 위 갑 제1호증의 1을 작성한 사실을 인정할 수 있으므로, 이를 증거로 쓸 수 없고, ……(배척증거와 부족증거 설시) 달리 위 주장사실을 인정할 증거가 없으므로 원고의 위 주장은 이유 없다.

❐ 새로운 방식

① 원고는 ……라고 주장하나, 갑 1호증의 1은 乙이 원고의 도장을 도용하여 위조한 것으로 인정되므로(을 3호증의 1, 2, 증인 乙, 丙) 증거로 쓸 수 없고 달리 위 주장사실을 인정할 증거가 없다.

② 원고는 ……라고 주장하므로 보건대, 이에 부합하는 듯한 갑 1호증의 1에 피고의 도장이 찍혀 있지만, 을 3호증의 1, 2의 각 기재와 증인 乙, 丙의 각 증언에 의하면 이는 乙이 원고의 도장을 훔쳐서 날인한 것으로 인정되므로 증거로 사용할 수 없고 달리 위 주장사실을 인정할 증거가 없다.

---

85) 대법원 1997. 12. 12. 선고 95다38240 판결, 1997. 4. 11. 선고 96다50520 판결, 1993. 12. 7. 선고 93다41914 판결

86) 새로 쓰는 민사판결서, 117쪽

[기재례] (서증에 관한 인장도용의 증거항변을 배척하는 경우)

❐ 전통적 방식

피고의 인영부분에 다툼이 없어 문서 전체의 진정성립이 추정되는 갑 제2호증[차용증, 피고는 이 문서가 김일남이 피고의 인장을 도용하여 위조한 것이라고 항변하나, 이에 부합하는 을 제3호증의 1, 2(각 확인서)의 각 기재와 증인 김일남의 증언은 믿기 어렵고 달리 이를 인정할 증거가 없다]의 기재에 의하면 ……(차용사실)을 인정할 수 있고 반증이 없다.

❐ 새로운 방식

① 갑 2호증(피고의 도장이 찍혀 있는 점에 다툼이 없으므로 진정하게 성립된 문서로 추정된다.[87] 피고는 자신의 도장이 도용되었다고 주장하나 이에 부합하는 증인 김일남의 증언은 믿을 수 없다)의 기재에 의하면 ……(차용사실)을 인정할 수 있다.

② [인정근거] 다툼 없는 사실, 갑 1, 2호증의 각 기재, 변론 전체의 취지
갑 1호증에 있는 피고의 인영부분이 피고의 인장에 의한 것임은 다툼이 없다. 따라서 그 문서 전체의 진정성립도 추정된다. 그런데 피고는 이 인영이 제3자에 의하여 위조되었다고 주장한다. 갑 5호증의 기재에 의하면 제3자가 위 문서에 피고의 인장을 날인한 사실은 인정된다. 그러나 갑 4호증의 기재 및 변론 전체의 취지에 의하면 피고가 제3자에게 자신의 도장을 교부하면서 이 사건 계약에 관한 모든 권한을 위임한 사실이 인정된다. 따라서 피고의 위조 주장은 받아들이지 아니한다.

(라) 문서의 성립에 관한 자백 및 자백취소

전통적 방식에서든 새로운 방식에서든 상대방이 서증의 성립에 관한 제출자의 주장을 인정할 때[88]에는 문서의 성립에 관한 자백이 성립한다. 문서의 성립에 관한 자백은 성질상 보조사실에 대한 자백이기는 하나 판례는 이를 주요사실에 대한 자백과 같은 효력이 있다고 보므로,[89] 법원은 이에 구속되고 그 취소도 주요사실에 대한 자백의 취소와 동일하게 취급한다.[90] 그러므로 문서의 성립을 인정(자백)하였다가 후에 그

---

87) 일반당사자에게는 생소한 "인영부분에 다툼이 없어 문서전체의 진정성립이 추정되는"이라는 표현을 이해하기 쉽게 풀어 쓴 것이다.

88) 이때 소송기록의 서증목록에는 '성립인정'이라고 기재한다.

89) 대법원 1991. 1. 11. 선고 90다8244 판결

90) 대법원 1988. 12. 20. 선고 88다카3083 판결, 2001. 4. 24. 선고 2001다5654 판결

성립인정을 취소(철회)한 때에는 주요사실에 대한 자백의 취소의 경우와 판시방법이 동일하다. 다만 새로운 방식에서는 이를 좀 더 간단히 설시하거나 설시하지 않기도 한다.

[기재례] (문서의 진정성립 – 자백취소의 효력을 부정하는 경우)

❒ 전통적 방식

성립에 다툼이 없는 갑 제1호증(약정서, 피고는 진정성립을 인정하였다가 제3차 변론기일에 이를 취소하였으나, 위 성립인정이 진실에 반하고 착오로 인한 것이라는 점에 부합하는 증인 김갑동의 증언은 믿지 아니하고 달리 이를 인정할 증거가 없으므로 위 취소는 효력이 없다), 인영부분에 다툼이 없어 문서전체의 진정성립이 추정되는 갑 제2호증(영수증)의 각 기재와 변론 전체의 취지에 의하면……

❒ 새로운 방식

갑 1호증(피고는 진정성립을 인정하였다가 취소하였으나, 그 성립인정이 진실에 반하고 착오로 인한 것이라는 점에 대한 김갑동의 증언은 믿을 수 없고 달리 이를 인정할 증거가 없으므로 위 취소는 효력이 없다), 갑 2호증의 각 기재와 변론 전체의 취지에 의하면……

[기재례] (문서의 진정성립 – 자백취소의 효력을 인정하는 경우)

❒ 전통적 방식

원고는 ……라고 주장하는바, 갑 제1호증(매매계약서)은 피고가 그 진정성립을 인정한 바 있으나, ……(증거)에 의하면 피고는 2019. 7. 27. 원고와 이 사건 부동산에 관한 매매계약을 체결하면서 을 제1호증(매매계약서)을 작성하였을 뿐 갑 제1호증과 같은 매매계약서는 작성한 일이 없는데, 갑 제1호증이 을 제1호증과 같은 것으로 착각한 나머지 위와 같이 그 진정성립을 인정하게 된 사실을 인정할 수 있고 반증이 없으므로, 갑 제1호증에 대한 성립인정은 진실에 반하고 착오로 인한 것으로서 피고가 제3차 변론기일에 한 취소의 의사표시에 따라 적법하게 취소되었다고 할 것이고, 위 문서가 진정하게 성립되었다는 점에 부합하는 증인 이을남의 증언은 믿을 수 없고 달리 그 진정성립을 인정할 증거가 없으므로 증거로 삼을 수 없고, 달리 위 주장사실을 인정할 증거가 없다.

❒ 새로운 방식

원고는 ……라고 주장한다. 그러나 갑 1호증은 진정성립을 인정할 증거가 없으므로 증거로 사용하지 못하고(피고는 진정성립을 인정하였다가 취소하였는바, ……(증거)

에 의하면 그 성립인정은 진실에 반하고 착오로 인한 것으로 인정되므로 그 취소는 유효하고, 그 밖에 증인 이을남의 증언은 믿을 수 없다), 달리 위 원고 주장사실을 인정할 증거가 없다.

(마) 문서의 형식적 증거력에 관한 유형별 검토

① 공문서의 경우

문서의 작성방식과 취지에 의하여 공무원이 직무상 작성한 것이라고 인정될 때에는 진정한 공문서로 추정한다(제356조 제1항).[91] 따라서 그 진정성립을 다투는 사람은 위조, 변조 등의 사실을 증명하여야 한다. 물론 공문서라 하더라도 항상 그 내용이 진실한 것은 아니므로, 공문서의 내용이 다른 증거에 비추어 사실과 상위한 점이 있을 경우에는 법원은 자유로운 심증에 의하여 공문서의 내용을 배척할 수 있고, 공문서라고 하여 반드시 그 내용에 구속받는 것은 아니다.[92]

② 사문서의 경우

㉮ 문서 성립에 관한 직접증거로 증명

사문서의 성립에 관하여 다툼이 있을 때 증인의 증언 기타 문서 성립에 관한 직접증거로써 문서의 성립을 직접 증명하는 방법이 있다. 작성명의인이 증인으로서 자기가 작성하였다고 진술하거나, 작성명의인 이외의 사람이 증인으로서 자기 면전에서 명의인에 의하여 작성되었다고 진술하거나,[93] 또는 필적을 알고 있는 사람이 증인으로서 명의인의 필적이라고 진술하는 등이다.

㉯ 진정성립의 추정

사문서에 작성명의인 본인 또는 그 대리인의 서명이나 날인 또는 무인이 있는 때에는 그 문서가 진정하게 성립한 것으로 추정된다(제358조). 여기서 '서명이나 날인 또는 무인이 있는 때'라 함은 문서에 형식적인 서명 등이 존재하는 것을 뜻하는 것이

---

91) 과거에는 형식적 증거력의 인정근거로 「공문서이므로 진정성립이 추정되는 갑 제1호증(주민등록표등본)」 등으로 기재하였다.

92) 대법원 1986. 10. 28. 선고 81다카296 판결, 1996. 7. 26. 선고 95다19072 판결

93) 대법원 1992. 11. 24. 선고 92다21135 판결 참조

아니라, 본인이나 대리인의 의사에 기한 서명행위 등이 행하여진 사실이 있는 것을 뜻한다.

본인 또는 대리인의 서명행위 등이 있었음에 관하여 당사자 사이에 다툼이 없거나(이때 상대방의 인부는 **'날인사실 인정'** 또는 **'인영부분 성립인정'**과 같은 방법으로 하게 된다. 후술하는 **'인영부분 인정'**과 구별할 것) 다른 증거에 의하여 증명된 때[94]에는, 서명 등 외의 나머지 부분이 가필 등으로 변조되거나 위조되었다고 다투어진 경우에도 그 문서 전체가 진정하게 성립된 것으로 추정되므로, 이를 다투는 쪽에서 그 변조 또는 위조의 사실을 증명할 책임을 부담한다.[95] 이와 같이 인영 부분 등의 진정성립이 인정되는 경우, 그 문서의 전부 또는 일부가 미완성된 상태에서 서명날인만을 먼저 하였다는 등의 사정은 이례에 속한다고 할 것이므로 완성문서로서의 진정성립의 추정력을 뒤집으려면 그럴 만한 합리적인 이유와 이를 뒷받침할 간접반증 등의 증거가 필요하다.[96] 만일 그러한 완성문서로서의 진정성립의 추정이 번복되어 백지문서 또는 미완성 부분을 작성명의자가 아닌 자가 보충하였다는 등의 사정이 밝혀진 경우라면, 다시 그 백지문서 또는 미완성 부분이 정당한 권한에 기하여 보충되었다는 점에 관하여는 그 문서의 진정성립을 주장하는 자 또는 문서제출자에게 그 증명책임이 있다.[97]

판례는 문서의 성립에 관한 자백뿐만 아니라 인영의 진정성립에 관한 자백 역시 주요사실에 대한 자백과 같이 당사자가 자유롭게 철회할 수 없다고 본다.[98][99]

---

94) 본인 또는 그 대리인의 서명이나 날인이 있는 사문서에 대한 인부절차에서는 부지라고 할 수 없고 부인 또는 성립인정을 하여야 하는데, 이때 부지라고 답변하면 그것만으로 형식적 증거력을 배척할 것이 아니라, 그 문서의 서명이 자기의 것인지 그 명하(名下)의 인영이 진정한 것인지 여부를 석명하고, 만일 그 서명이나 인영까지 부인하는 취지라면 상대방에게 증명을 촉구하여야 한다(대법원 1990. 6. 12. 선고 90누356 판결, 1990. 6. 26. 선고 88다카31095 판결, 1991. 11. 12. 선고 91다30712 판결 등).

95) 대법원 1994. 1. 25. 선고 93다9422 판결, 1995. 11. 10 선고 95다4674 판결

96) 대법원 1988. 9. 27. 선고 85다카1397 판결, 1994. 10. 14. 선고 94다11590 판결, 2011. 11. 10. 선고 2011다62977 판결

97) 대법원 1988. 4. 12. 선고 87다카576 판결, 1997. 12. 12. 선고 97다38190 판결, 2003. 4. 11. 선고 2001다11406 판결. 한편, 채권자가 채무자의 대리인으로서 차용일, 이율, 변제기 등 일부 백지상태의 위임장을 보충하여 금전소비대차계약 공정증서의 작성을 촉탁한 경우, 위임장의 백지보충된 부분이 정당한 보충권한에 의하여 기재된 것이라는 점을 채권자가 별도로 증명하여야 한다(대법원 2013. 8. 22. 선고 2011다100923 판결 참조).

한편, 날인행위 자체는 다투면서도 그 문서상의 인영이 자기의 인장에 의한 것이라는 점(즉 인영의 동일성)은 다투지 아니하는 경우가 있다. 예컨대, 인장을 도용당했다고 주장하는 경우 등인데, 이때의 인부는 보통 **'인영부분 인정'**으로 하게 된다. 이 경우에는 물론 앞서 본 민사소송법 제358조가 직접 적용될 수 없는 것이지만, 그 앞 단계에서 문서상의 인영과 진정한 인장에 의한 인영과의 동일성이 밝혀진 이상, 반증이 없는 한, 그 문서상의 인영은 인장 소유자의 의사에 기하여 현출된 것으로 사실상 추정할 수 있으므로, 이와 같이 일단 인영의 진정성립이 추정되면 다음 단계로 같은 법 제358조에 의하여 그 문서 전체의 진정성립까지 추정받을 수 있게 된다. 이른바 '두 단계의 추정'이 작용하는 셈이다.[100)101)] 나아가 날인행위는 물론 인영의 동일성까지 다투어졌는데 서증 제출자의 증명에 의하여 인영의 동일성이 증명된 경우에도 위에서 본 두 단계의 추정을 이용할 수 있다.

이와 같이 상대방 당사자가 적극적으로 문서의 진정성립을 다투는 경우 등에는 그 문서의 진정성립이 인정되는 근거를 설시하여야 하는바, 이 경우의 기재례는 다음과 같다.

[기재례]

① 갑 2호증(감정인 甲의 인영감정 결과에 의하여 피고 이름 다음의 인영이 피고의 인장에 의한 것임이 인정되므로 문서 전체의 진정성립이 추정된다)의 기재……

---

98) 대법원 2001. 4. 24. 선고 2001다5654 판결

99) 과거에는 형식적 증거력의 인정근거로 「피고 이름 다음의 인영의 진정성립에 관하여 다툼이 없어 문서 전체의 진정성립이 추정되는 갑 제2호증(영수증)」, 「증인 甲의 증언에 의하여 피고의 날인사실이 인정되므로 문서 전체의 진정성립이 추정되는 갑 제3호증(각서)」 등으로 기재하였다.

100) 대법원 1982. 8. 24. 선고 81다684 판결, 1987. 7. 7. 선고 86다카2575 판결, 2002. 2. 5. 선고 2001다72029 판결 등

101) 과거에는 형식적 증거력의 인정근거로 「피고 이름 다음에 피고의 도장이 찍혀 있는 사실에 관하여 당사자 사이에 다툼이 없어 그 인영이 피고의 의사에 따라 날인된 것으로 추인되므로 문서 전체의 진정성립이 추정되는 갑 제2호증(각서)」, 「피고의 인영부분에 다툼이 없어 피고의 날인사실이 추인되므로 문서 전체의 진정성립이 추정되는 갑 제2호증(각서)」라고 기재하거나, 더욱 간략하게 「피고의 인영부분에 다툼이 없어 문서 전체의 진정성립이 추정되는 갑 제2호증(각서)」라고 기재하였다.

② 갑 2호증(인영대조검증 결과에 의하여 피고 이름 다음의 인영이 피고의 인장에 의한 것임이 인정되므로 문서 전체의 진정성립이 추정된다)의 기재……[102)]

③ 갑 5호증(필적대조검증 결과에 의하여 피고의 필적임이 인정되는 피고의 이름이 기재되어 있으므로 문서 전체의 진정성립이 추정된다)의 기재……[103)]

그러나 인영의 동일성은 인정된다 할지라도 날인행위가 작성명의인 이외의 자에 의하여 이루어진 것이 밝혀진 경우에는 위와 같은 추정은 더 이상 유지될 수 없다.[104)]

㉰ 그밖의 방법

사문서의 성립을 직접으로 증명하는 인증 등이 존재하지도 아니하고, 인영이나 필적에 의하여 진정성립이 추정되지도 아니하는 경우에는 '변론 전체의 취지'에 의하여 진정성립을 인정하기도 한다. 제출자 자신이 작성한 문서 또는 제3자 작성의 문서에 관하여 상대방이 부지라고 답하는 경우 변론 전체의 취지에 의해 진정성립을 인정하는 예가 있다.[105)]

---

102) 민사소송법 제359조는 "문서가 진정하게 성립된 것인지 어떤지는 필적 또는 인영을 대조하여 증명할 수 있다."라고 규정하고 있는바, 여기서의 대조는 검증의 일종이다. 인영대조의 경우 법원은 반드시 감정으로써 인영의 동일 여부를 판단할 필요가 없고 육안에 의한 대조로써도 이를 판단할 수 있다(대법원 1991. 10. 11. 선고 91다12707 판결, 1997. 12. 12. 선고 95다38240 판결).

103) 대조의 기준이 되는 필적이 법원의 면전에 현출된 때에는 본문의 기재례와 같이 설시하나, 그렇지 않을 때에는 다음과 같이 설시한다.
「갑 5호증(영수증, 이 문서에는 증인 甲의 증언에 의하여 피고의 자필에 의한 서명임이 인정되는 갑 1호증상 피고 서명과의 대조검증 결과에 비추어 이와 동일한 필적임이 인정되는 피고의 성명이 기재되어 있으므로 문서 전체의 진정성립이 추정된다)의 기재……」

104) 대법원 1989. 4. 25. 선고 88다카6815 판결, 1990. 4. 24. 선고 89다카21569 판결, 1993. 8. 24. 선고 93다4151 (全)판결, 1995. 3. 10. 선고 94다24770 판결, 1995. 6. 30. 선고 94다41324 판결, 1997. 6. 13. 선고 96재다462 판결, 1998. 2. 10. 선고 97다31113 판결, 2003. 2. 11. 선고 2002다59122 판결, 2003. 4. 8. 선고 2002다69686 판결, 2009. 9. 24. 선고 2009다37831 판결. 이 경우의 기재례 및 증명책임에 관해서는 뒤에 있는 3. 다. 3) 나) ② 기재례 및 각주 159) 참조

105) 상대방이 부지라고 다툰 서증에 관하여 제출자가 특히 성립의 진정을 증명하지 아니한 경우라 할지라도 법원은 다른 증거에 의하지 아니하고 변론 전체의 취지를 참작하여 자유심증으

③ 병존문서의 경우

하나의 문서에 공문서 부분과 사문서 부분이 병존하는 경우에는 공문서 부분과 사문서 부분 각별로 성립의 진정이 인정되어야 한다.

대표적인 병존문서의 예로는 구 부동산등기법(2011. 4. 12. 법률 제10580호로 전부 개정되기 전의 것) 제67조 제1항에 기한 등기필증, 관공서에 제출되어 접수인이 찍힌 문서(예: 혼인신고서,[106] 소장, 준비서면, 소취하서 등), 사인의 증명신청 부분과 관공서의 증명부분이 하나의 서면에 병기된 문서(예: 소취하증명원, 항소제기증명원 등)를 들 수 있다.

내용증명우편도 사인(私人)의 우편물에 대하여 우체국에서 어떠한 내용의 우편물이 발송되었다는 사실을 증명하는 문구를 기입하고 인증인을 찍은 것으로, 공문서 부분과 사문서 부분의 진정성립은 서로 관련이 없다.[107]

다만 공증인 또는 그 직무를 행하는 자[법무법인, 법무법인(유한), 법무조합, 2005. 1. 27. 법률 제7357호로 개정되기 전의 구 변호사법 제59조, 제62조 제1항에 의하여 인가받은 공증인가 합동법률사무소]가 작성한 공정증서(공증인법 제25조 이하)는 성질상 공문서와 같은 추정력을 가지며,[108] 그들이 작성한 사서증서인증서(공증인법 제57조 이하)의 인증 부분도 그러하다. 이들 증서는 공증 부분과 사문서 부분이 그 성립에 깊은 관련이 있어서 전자에 의하여 후자의 진정성립까지 사실상 추정할 수 있다.[109][110]

로써 성립의 진정을 인정할 수 있다(대법원 1990. 9. 25. 선고 90누3904 판결, 1993. 4. 13. 선고 92다12070 판결 등).

106) 대법원 1959. 2. 19. 선고 4290민상596 판결

107) 대법원 1976. 5. 11. 선고 73다616 판결. 우체국 소인에 관한 대법원 1995. 6. 16. 선고 95다2654 판결 참조. 사문서 부분은 보통 변론 전체의 취지에 의하여 인정할 수 있다.

108) 대법원 1994. 6. 28. 선고 94누2046 판결

109) 대법원 1992. 7. 28. 선고 91다35816 판결 등 참조
다만, 사문서에 단순히 확정일자를 부여한 것에 불과하면 그것에 의하여 사문서 부분의 진정성립이 추정되지는 않는다(대법원 1974. 9. 24. 선고 74다234 판결). 이 경우 서증 제출자가 별도의 증거에 의하여 사문서 부분의 진정성립을 증명하여야 함은 물론이다.

110) 과거에는 형식적 증거력의 인정근거로 ① 공정증서의 경우 「공정증서이므로 진정성립이 추정되는 갑 제1호증(집행증서)」, 「공증 부분의 성립에 다툼이 없어 문서 전체의 진정성립이 추정되는 갑 제1호증(약속어음공정증서)」, ② 사서증서인증서의 경우 「공증 부분의 성립에 다툼이 없고 그 기재에 의하여 사문서 부분의 진정성립이 추인되는 갑 제1호증(사서증서인증서)」, 「공증 부분의 진정성립이 추정되고 그 기재에 의하여 사문서 부분의 진정성립이

(바) 작성명의인이 여럿인 경우

하나의 문서에 작성명의인이 여럿인 경우 이 문서 전체를 증거로 쓰기 위해서는 각 작성명의 부분마다 각별로 진정성립이 인정되어야 한다.[111)]

(2) 증인

증인의 증언에 의하여 사실을 인정하는 경우에는 서증의 경우와 같은 형식적 증거력의 문제가 발생하지 아니한다. 민사소송에서는 형사소송에서와 같은 전문증언의 증거능력 제한(형사소송법 제310조의2)의 문제가 존재하지 아니하고, 전문증거라고 하여도 증거가치 인정에 제한을 두지 아니하며, 증인이 직접 체험한 사실을 진술하는 것과 전문사실을 진술하는 것 사이에 증거력의 우열도 없다. 유아의 증언능력을 제한하는 규정도 없으나, 16세 미만의 증인과 선서의 취지를 이해하지 못하는 증인은 선서의무가 없을 뿐이다(제322조). 결국 증인의 증언에 대해서는 법관이 자유심증에 의하여 증거가치(실질적 증거력)를 판단할 뿐이다.

[기재례]

❐ 전통적 기재방법
① 증인 甲의 증언
② 증인 甲, 乙, 丙의 각 증언

❐ 간이한 기재방법
① 甲의 증언
② 甲, 乙, 丙의 각 증언

(3) 검증 및 감정

증거방법으로 감정이나 검증이 시행된 경우에는 형사소송의 경우처럼 감정인이 제출하는 서면이나 검증조서가 증거가 되는 것이 아니고, 감정인의 의견이나 검증에 의

추인되는 갑 제1호증(사서증서인증서)」 등으로 기재하였다.

111) 과거에는 형식적 증거력의 인정근거로 「피고의 작성명의 부분은 성립에 다툼이 없고 소외 丙의 작성명의 부분은 증인 甲의 증언에 의하여 진정성립이 인정되는 갑 제1호증(동업계약서)」 등으로 기재하였다.

하여 얻은 법원의 판단이 증거로 된다. 검증이나 감정이 여러 번 시행되었을 때에는 그 종류 또는 시행일자 등을 명시하는 것이 필요하다.

[기재례]

❒ 전통적 기재방법
① 이 법원의 현장검증 결과
② 감정인 乙의 감정 결과
❒ 간이한 기재방법
① 현장검증 결과
② 감정 결과 또는 측량감정 결과

한편, 감정인을 지정하여 선서를 시키고 감정을 명한 경우가 아니라 공공기관·학교, 그 밖에 상당한 설비가 있는 단체(실무상 신체상해로 인한 손해배상청구사건에서 국공립 병원이나 대학 부속병원이 흔히 이용된다) 또는 외국의 공공기관에 감정의 촉탁(제341조 제1항)을 하여 그 회답을 증거로 할 경우[112]에는 다음과 같이 기재한다.

[기재례]

❒ 전통적 기재방법
이 법원의 서울대학교병원장에 대한 신체감정촉탁 결과[113]
❒ 간이한 기재방법
신체감정촉탁 결과

한편, 감정인의 감정 결과는 변론에 현출된 이상 당사자가 원용하지 않는 경우에도 증거로 할 수 있다.[114]

---

112) 법원이 대학 부속병원장에게 신체감정을 촉탁하고 병원장이 소속 의사를 감정인으로 지정하여 그 의사가 자기 명의로 작성, 송부한 감정서는 자연인에 대한 감정촉탁 결과로 볼 것이 아니라 민사소송법 제341조에서 정한 기관에 대한 감정촉탁 결과로 볼 것이다(대법원 1986. 9. 23. 선고 85다카1923 판결 참조).

113) 「이 법원의 신체감정촉탁에 대한 서울대학교병원장의 회보 결과」라고도 한다.

114) 대법원 1979. 4. 24. 선고 78다1517 판결, 1994. 8. 26. 선고 94누2718 판결

(4) 조사의 촉탁(사실조회)

조사의 촉탁이란 법원이 공공기관·학교, 그 밖에 단체·개인 또는 외국의 공공기관에게 그 업무에 속하는 사항에 관하여 필요한 조사 또는 보관 중인 문서의 등본·사본의 송부를 촉탁함으로써 증거를 수집하는 절차이다(제294조). 실무에서는 주로 『사실조회』라는 용어를 사용한다. 사실조회 결과 송부되어 온 회보서는 변론에 상정시키면 족하고 서증으로 제출시킬 필요가 없다. 다만, 회보서에 사실조회기관 이외의 자가 작성한 문서가 편철되어 있는 경우에 이를 증거로 하려면 별도로 서증으로 제출시켜야 한다.

[기재례]

❒ 전통적 기재방법
이 법원의 丙에 대한 사실조회(조사촉탁) 결과[115)]

❒ 간이한 기재방법
丙에 대한 사실조회(조사촉탁) 결과

(5) 당사자신문

당사자신문은 당사자의 소송상 진술과는 구별되는 증거절차이다. 당사자신문에서 상대방의 주장사실과 일치되는 진술을 하였다고 하더라도 이를 재판상 자백이나 소송상 주장으로 볼 수 없음은 당연하다.[116)] 2002. 1. 26. 전부 개정된 민사소송법은 당사자신문의 보충성을 폐지하여 소송의 어느 단계에서도 당사자 본인을 신문할 수 있도록 하는 한편, 허위진술 억제를 위한 제도적 보완책으로 반드시 당사자에게 선서를 하게 하도록 규정하고 있다(제367조).

---

115) 금융거래정보, 과세정보는 제출명령의 형식으로 요청하여야 하고 일반 사실조회의 방법으로는 회신이 되지 않는다. 이 경우 증거의 표시방법 예시는 다음과 같다.
「이 법원의 丁에 대한 금융거래정보제출명령 회신결과」(금융실명거래 및 비밀보장에 관한 법률 제4조 제1항 제1호 참조)
「이 법원의 丁에 대한 과세정보제출명령 회신결과」(국세기본법 제81조의13 제1항 제3호 참조)

116) 대법원 1978. 9. 12. 선고 78다879 판결, 1981. 8. 11. 선고 81다262, 263 판결

[기재례]

① 원고 본인신문 결과[117]
② 피고 甲 본인신문 결과
③ 원고 대표자 본인신문 결과[118]

(6) 변론 전체의 취지

민사소송법 제202조는 증거조사의 결과와 나란히 변론 전체의 취지를 사실인정의 근거로 규정하고 있다. 변론 전체의 취지란 증거조사 결과 이외에 변론에 현출된 일체의 소송자료를 말하는 것으로서, 진술의 내용, 태도, 공격방어방법의 제출시기, 당사자의 인적 관계 등 변론에 나타난 일체의 적극적, 소극적 사항을 포함한, 법관의 심증 형성에 참작될 자료를 의미한다.

위 조항의 문리해석상으로는 변론 전체의 취지가 증거조사의 결과에 대하여 보충적인 것은 아니므로, 경우에 따라서는 증거조사의 결과보다도 변론 전체의 취지에 중점을 두는 것도 가능하고, 또 증거조사를 하지 아니하고 변론 전체의 취지에 의하여 다툼이 있는 사실을 인정하는 것도 가능하다. 그러나 판례는 민사소송에서 당사자 사이에 다툼이 있는 사실의 진부를 인정하려면 반드시 증거에 의하여야 하고, 변론 전체의 취지만으로는 사실인정을 할 수 없다고 한다.[119] 재판 실무에서도 이러한 판례의 입장에 따라 변론 전체의 취지만으로는 다툼이 있는 주요사실을 인정하지 아니하고 있다.[120]

실무에서는 증거와 인정사실이 아주 간단한 경우를 제외하고는, 쟁점이 복잡하거나

---

117) 「판결서 작성방식에 관한 권장사항」 제8조 제1항 [주5]는 간이한 기재방법으로 '원고본인'이라고 간결하게 표시할 수 있다고 규정한다. 다만 이는 실무에서 흔히 사용하는 형식은 아니므로 이러한 형식의 설시는 신중할 필요가 있다.

118) 민사소송법 제372조 참조

119) 대법원 1983. 7. 12. 선고 83다카308 판결

120) 다만, 예외적으로 앞에서 이미 설명한 서증의 진정성립은 변론 전체의 취지만에 의하여 인정할 수 있고[앞에 있는 1절 2. 나. 3) 나) (1) (마) ② ㉰ 부분 참조], 자백의 취소에 있어 그 자백이 진실에 부합하지 않는 사실이 증명된 경우라면 변론 전체의 취지만에 의하여 그 자백이 착오로 인한 것이라는 점을 인정할 수 있다(대법원 2000. 9. 8. 선고 2000다23013 판결 참조).

요증사실이 많으면 특별한 의미를 따지지 않고 다른 증거의 나열에 이어 맨 나중에 '변론 전체의 취지'를 부가하는 것이 보통이다. 이 경우 '변론 전체의 취지'를 다른 증거와 병렬적으로 나열하여 다음과 같이 기재한다.[121]

[기재례]

❒ 전통적 기재방법

……(서증)의 각 기재, ……(증인)의 각 증언, 이 법원의 현장검증 결과, 감정인 甲의 감정 결과 및 변론 전체의 취지를 종합하면, ……

❒ 간이한 기재방법

……(서증)의 각 기재, ……(증인)의 각 증언, 현장검증 결과, 감정 결과 및 변론 전체의 취지를 종합하면, ……

다) 증거 거시의 순서

전통적 방식이든 새로운 방식이든 증거는 대체로 다음의 순서에 따라 나열한다.

① 서증의 기재

② 준문서의 기재, 형상, 영상

③ 증인의 증언

④ 법원의 검증 결과

⑤ 감정인의 감정 결과

⑥ 법원의 사실조회(조사촉탁) 결과

⑦ 당사자 본인신문 결과[122]

---

121) '변론 전체의 취지'를 다른 증거와 병렬적으로 나열하지 않고 그 보충성을 명시하기 위하여 「……(증인)의 각 증언, 이 법원의 검증 결과 및 감정인 甲의 감정 결과에 변론 전체의 취지를 보태어 보면」이라고 기재하기도 한다.

122) 구 민사소송법은 당사자신문에 관하여 법원이 이미 실시한 증거조사에 의해도 계쟁사실의 존부에 대하여 어느 쪽으로도 심증을 형성할 수 없는 경우에 한하여 허용되는 것으로 규정하고 있었으나(당사자신문의 보충성, 같은 법 제339조 본문), 2002. 1. 26. 전부 개정된 민사소송법은 이를 폐지하여 소송의 어느 단계에서나 당사자 본인을 신문할 수 있도록 하였다(제367조).

⑧ 변론 전체의 취지

서증이 여러 개일 경우에는 갑호증부터 그 번호 순으로 기재한다. 증인이 여러 명일 경우에는 대체로 증언 전부를 믿는 증인, 일부만 믿는 증인의 순서로 기재하되, 같은 순서에서는 증명책임자가 신청한 증인, 상대방이 신청한 증인, 직권으로 신문한 증인의 순서로 기재하는 것이 무난하다.

4) 증거의 채택

가) 채택증거와 배척증거의 표시 여부

전통적 방식에서는 지지증거에 의한 사실인정 후 믿지 아니하는 증거와 반증이 되기에 부족하거나 사실인정에 방해가 되지 않는 증거를 모아 배척하는 취지를 설시한다. 그러나 새로운 방식에서는 배척증거를 생략할 수 있다고 명시하고 있고,[123] 실무에서도 이를 생략하는 경우가 많다.

나) 증거채택의 이유 기재 여부

(1) 원칙 및 예외

전통적 방식이든 새로운 방식이든 원칙적으로 증거를 채택하거나 배척한 이유는 기재하지 아니한다. 그러나 쟁점을 부각시켜 설시하는 새로운 방식에서는 증거채택 여부가 당사자 사이에 주된 다툼의 대상이었다면 증거 판단을 상세히 기재하는 것도 당사자에 대한 충실한 답변이라는 측면에서 권장된다. 즉 반증을 믿을 것인지 여부나 부족증거가 반증이 될 수 있는지 여부가 당사자 사이에 쟁점이 되어 있고 사건의 결론에 중요한 영향을 미치는 때에는 믿지 아니하거나 부족하다고 판단한 핵심적 이유와 함께 이러한 증거를 배척하는 설시를 해주는 것이 바람직하다. 판례에 의하면, 처분문서를 배척할 때에는 납득할 만한 이유 설시가 필요하고,[124] 관련 사건의 확정판결과 같은 고도의 신빙성 있는 증거도 마찬가지이다.[125]

---

123) 「판결서 작성방식에 관한 권장사항」 제10조 제1항

124) 대법원 1984. 1. 31. 선고 83다카1034 판결. 처분문서 배척의 기재례에 대하여는 뒤에 있는 3. 다. 3) 가) 부분 참조

125) 대법원 1990. 11. 9. 선고 90다카24588 판결

(2) 반증의 배척

주요사실이 부합 간접사실을 통하여 인정되는 경우 상대방이 간접반증을 적극적으로 시도하였다면, 반증에 근거하여 인정되는 반대 간접사실을 인정한 후 그러한 사실만으로는 부합 간접사실에 의한 주요사실의 추인에 방해가 되지 않는다는 형태로 반증을 배척하는 설시를 하는 것이 필요하다.[126]

(3) 본증의 배척

주장사실을 인정할 수 없을 때 「이를 인정할 증거가 부족하다」라고만 설시하는 것도 가능하다. 그러나 객관적으로 주장사실을 인정할 증거가 되지 못하더라도 그 제출 당사자가 증거가 된다고 생각하여 제출한 경우라면 그 증명력에 대하여 아무런 답을 하지 않기보다는 해당 증거의 증명력이 부족하다고 판단하는 이유를 간략하게라도 적어주는 것이 좋을 것이다. 예컨대 증인의 증언이 요증사실을 인정할 유일한 증거이고 그 신빙성에 대해 다툼이 있는 경우라면 증거를 채택하거나 불채택하는 이유를 설시해 주는 것이 판결서의 당사자에 대한 답변기능에 부합한다.

다. 증거의 종합

1) 채택된 모든 증거의 증명력 검토

사실을 인정할 때에는 요증사실과 관련되는 한, 증거공통의 원칙상 본증, 반증 여부를 묻지 아니하고 적법하게 증거조사를 거친 모든 증거의 증명력을 검토하여야 한다.

사실의 인정을 위한 증거(인정사실을 뒷받침하는 증거, 즉 법원이 믿는 증거)로서 거시할 증거의 내용 전부가 반드시 요증사실과 부합할 필요는 없고, 반대되는 취지를 포함하고 있다고 하더라도 지지증거가 될 수 있다. 즉 증거의 내용 중 일부라도 신용할 수 있는 한 그 부분만을 지지증거로 사용하는 데 아무런 지장이 없고, 특히 증언에서는 그러한 경우가 대단히 많다. 단순히 전후 모순된다고 하여 곧바로 그 증거 전부를 반드시 배척하여야 하는 것은 아니다.

---

126) 간접반증으로 요증사실이 배척된 경우의 기재례는 뒤에 있는 3. 다. 2) 사) 부분 참조

하나의 증거가 요증사실의 전부에 관계되지 않고 요증사실의 일부만에 관계되더라도 무방하므로, 요증사실의 일부에 관해서만 유리한 증거라 하더라도 지지증거로서 거시한다.

2) 증거 종합의 방식

사실인정은 많은 증거의 종합에 의하여 이루어진다. 여기에서 말하는 종합이란 사실인정을 하기 위하여 그 자료가 되는 여러 가지 증거를 서로 대조하고 비교·검토하여 필요한 부분을 추출·취합한다는 의미이다.[127] 다수의 증거를 종합한다는 것은 부분적인 증거를 서로 보강하거나, 일견 흐트러진 부분적 증거에 의하여 인정될 수 있는 여러 사실을 경험칙에 의하여 가교함으로써 인정한다는 것이다.

다만, 이와 같은 증거들은 서로 의존하고 돕는 성질의 것이어야 한다. 내용이 서로 달라 하나의 증거를 사용하면 당연히 다른 증거를 배척하지 않으면 안 되는 경우에는, 그 비교·대조에 의하여 하나를 채택하고 다른 하나를 배척할 수 있을 뿐이고, 종합이라는 것은 생각할 수 없다. 종합이라는 이름 아래 만연히 증거를 나열하여 사실을 인정하여서는 안 된다. 그러므로 서로 모순되는 증거를 취사선택하지 않고 종합하여 사실을 인정하는 것은 채증법칙에 위반하는 것이 되고,[128] 법원이 인정하는 사실과 전혀 반대되는 증거를 종합증거의 하나로 하여 사실인정을 하는 것도 채증법칙에 위배된다.[129]

---

127) 증거의 종합판단의 경우에는 다수의 증거가 각기 독립적으로는 구체적 사실을 인정하기에 증거력이 부족하거나 또는 각 증거 사이에 모순된 부분이 있다고 하더라도, 법관은 자유심증에 비추어 각개의 증거 중에서 불필요하거나 모순 있는 부분을 제거하고 필요·적절한 부분만을 추출·취합함으로써 구체적 사실인정 자료에 제공할 수 있다(대법원 1953. 4. 30. 선고 4286민상14 판결).

128) 대법원 1970. 5. 12. 선고 70다413, 414 판결, 1985. 12. 24. 선고 83누439 판결

129) 대법원 1962. 5. 3. 선고 4294민상1595 판결

3. 인정사실의 설시

가. 총설

1) 사실의 특정: 이른바 "주(主)-시(時)-상(相)-목(目)-행(行)"

인정사실의 설시는 구체적으로 어떠한 사실이 있었음을 나타낼 수 있도록 특정해서 하여야 한다. 사실의 특정에 필요한 요소는 일반적으로 ① 주체, ② 시기, ③ 상대방, ④ 목적물, ⑤ 행위의 종류 및 요건사실의 범위 내에서 행위의 내용 등이고, 민사판결서에서 행위의 장소는 특별한 경우가 아니면 불필요하다.

기재례	주의할 점
① 원고는 2021. 5. 1. 피고로부터 이 사건 부동산을 대금 2억 원에 매수하였다. ② 원고는 2021. 5. 1. 피고에게 이 사건 부동산을 대금 2억 원에 매도하였다.	㉠ 주체, 시기, 상대방, 목적물, 행위 내용의 순서로 설시하였음을 눈여겨본다. ㉡ 특별히 필요한 경우가 아니라면, 「매매계약서를 작성하였다」라는 식으로는 설시하지 않는다. ㉢ 관례상 사실인정은 법률효과를 받는 자를 주어(주체)로 하는 권리 중심으로 설시한다. 예를 들어 매수인이 소유권이전등기를 청구하는 사건에서는 ①과 같이, 같은 매매의 경우라도 매도인이 매매대금을 청구하는 사건이라면 ②와 같이 설시한다.

통상적으로 '일시'는 사실의 선후관계를 좌우하는 기준이고 지연손해금의 기산점이 되는 등 권리·의무의 발생·소멸 시기를 결정하는 핵심적인 요소이다. 따라서 요건사실을 기재할 때 일시를 누락하지 않도록 주의한다.

[기재례]

① 부수적인 약정 내용이 짧은 경우

원고는 2023. 5. 1. 피고에게 1억 원을 이자 연 5%, 변제기 2024. 4. 30.로 정하여 대여하였다.

② 부수적인 약정 내용이 긴 경우

원고는 2023. 5. 1. 피고에게 1억 원을 대여하면서, 피고와 피고 소유의 이 사건 부동산에 채권최고액 1억 5천만 원인 근저당권을 설정하기로 약정하였다.

③ 긴 약정 내용을 그대로 옮길 필요가 있는 경우

원고는 2023. 5. 1. 피고에게 1억 원을 대여하면서, 피고와 다음과 같은 내용을 약정하였다.

㉮ 이자율: 연 5%

㉯ 변제기: 대여일로부터 1년

㉰ 지연손해금: 위 변제기에 대여금 및 이자를 모두 상환하되 이를 지체할 경우 지연손해율을 연 12%로 정한다.

2) 설시의 대상

증거로써 인정하는 대상은 사실이다. 청구원인사실이거나 항변사실이거나를 묻지 아니하고 법률효과의 존부를 판단하기에 앞서 먼저 당사자가 주장하는 요건사실(필요하다면 간접사실도 포함한다)이 인정된다는 뜻을 설시하여야 하고, 이러한 설시 없이 바로 법률효과(권리의무)의 존재를 설시하여서는 아니 된다. 즉, 증거로부터 사실을 추출하고 사실로부터 법률효과를 이끌어 내는 설시를 하여야 하는 것이다.

예컨대, 「……(증거)에 의하면 대물변제한 사실이 인정된다.」라든지, 「……(증거)에 의하면 피고가 ……의 채무를 부담하고 있는 사실을 인정할 수 있다.」라는 식으로 판시하여서는 아니 된다. 이와 같은 판시는 삼단논법의 결론만을 표시한 것이기 때문이다. 위 대물변제에 관한 설시에서, '본래의 급부와 다른 급부를 한 것'과 '그것으로써 본래의 급부에 갈음한다는 뜻의 합의가 성립한 것'이 대물변제의 요건사실이므로, 먼저 증거에 의하여 이 두 가지 사실을 인정한 다음 그 사실에 법률을 적용하여 비로소 대물변제라는 법률적 평가가 결론으로 등장하도록 하여야 한다.[130)]

---

130) 다만, 법률판단이 내포된 사실인정도 가능하다는 점에 관하여는 2장 1절 1. 나. 3) 부분 참조

[기재례]

잘못된 설시	올바른 설시
……(증거)에 의하면 피고가 대물변제한 사실이 인정된다. ……(증거)에 의하면 피고는 대물변제하였다. ……(증거)에 의하면 피고의 채무는 소멸하였다. ……(증거)에 의하면 피고의 항변은 이유 있다.	……(증거)에 의하면 피고는 2023. 8. 2. 원고와 위 채무의 변제에 갈음하여 그의 소유인 별지 목록 기재 부동산을 양도하기로 약정하고, 같은 날 원고에게 위 부동산에 관하여 소유권이전등기를 마쳐준 사실이 인정된다(사실인정). 따라서 피고의 채무는 대물변제로 모두 소멸하였으므로 피고의 위 항변은 이유 있다(법률효과).

결론을 내리기 위하여 수학적 계산을 요하는 경우에도 마찬가지이다. 즉, 증거에 의하여서는 그 계산의 기초가 되는 자료사실만을 인정하는 데 그쳐야 하고, 그 자료사실에 근거하여 따로 계산을 함으로써 결론을 도출하여야지, 증거에 의한 사실인정의 단계에서 곧바로 계산까지 하는 것은 부적절하다.

설시할 대상은 요건사실에 한정하는 것이 원칙이다. 거기에 이르기까지의 동기나 경위 등은 요건사실에 기한 법률효과의 존부를 판단함에 있어 사실상, 법률상 관계가 없기 때문에 그것이 증거에 의하여 인정된다고 하더라도 이를 설시할 필요가 없다. 다만, 당사자가 특히 중점을 두어 공격과 방어에 진력한 '중요한 쟁점'과 관계된 사실을 인정함에 있어서는, 그 결론에 이른 논리적 경로를 설득력 있게 설명한다는 의미에서 간접사실도 설시하는 것이 바람직한 경우가 있다.

증거를 종합하여 사실을 '인정'하여야 하고, '인정되지 않는다'고 설시하지 않도록 주의한다.

[기재례]

잘못된 설시	올바른 설시
……(반증)을 종합하여 보면, 원고가 피고에게 위 주장과 같이 금원을 대여하였다고 인정하기 어렵다.	……(증거)만으로는 원고가 피고에게 위 주장과 같이 금원을 대여하였다고 인정하기 어렵다. ……(반증)을 종합하여 보면 (반대사실)이 인정되므로, 그에 비추어 ……(증거)만으로는 원고의 위 주장을 인정하기 부족하고 달리 증거가 없다.

3) 그 밖에 사실 기재 시 고려할 사항

가) 명확하고 판결 결론에 필요한 사실의 기재

불분명한 사실관계에 대한 섣부른 사실인정은 소송당사자의 불신과 불만의 원인이 된다. 이러한 판결은 결론에는 승복하면서도 이유에서 언급된 부수적인 사실인정 때문에 불복하는 경우를 낳고 경솔한 사실인정은 상소심과 관련 사건을 다루는 다른 재판부에 부담을 줄 수 있다. 그리고 판결서에 기재할 사실은 원칙적으로 쟁점이 되어 결론에 영향을 미치는 사실만을 기재한다. 예를 들어 대여금 사건에서 당사자가 대여사실 및 이율 등에 대하여는 다투지 않고 대여금액만 다투고 있다면 금액을 중심으로 기재하면 되고 나머지는 부차적인 사실에 불과하므로 과감하게 생략하거나 줄일 수 있다.

나) 자족성 충족

당사자가 제출한 계약서의 내용이 다툼의 주된 대상으로서 계약서의 내용을 그대로 판결서에 표시할 필요가 있는 경우도 있다. 그렇게 하면 판결서의 자족성이라는 점에서 문제가 없고, 기록에 편철된 계약서를 다시 찾아보지 않아도 되는 편리함이 있다. 그러나 이 경우도 당사자가 제출한 계약서의 수많은 조항을 모두 기재하기보다 쟁점이 된 부분만을 발췌하여 기재하는 것이 가독성이 좋다.

기록을 참조하거나 소송 외 문서를 보지 않으면 구체적인 사실을 알 수 없는 방식으로는 설시하지 않는다.

[기재례]

잘못된 설시	올바른 설시
갑 제1호증(각서)과 같은 내용의 계약을 체결한 사실을 알 수 있다.	갑 1호증의 기재에 의하면, 원고는 2021. 5. 1. 피고에게 이 사건 부동산을 임대차보증금 1천만 원, 차임 월 30만 원으로 정하여 임대한 사실을 인정할 수 있다.

다) 요건사실 중심으로 구성

현재 실무에서는 기초사실 부분에 항목을 구분하는 일련번호를 붙여 접속사 없이 문장을 나열하고 있다. 이때, 문장의 배열순서는 단순히 시간 순서에 따라 배열하는 것이 아니라 요건사실 중심으로 사실관계를 재구성한다. 요건사실의 핵심을 이루는 중요 법률관계를 먼저 파악하여 이것을 이야기 전개의 중심축으로 삼아 권리관계 귀속 주체인 원고를 주어로 하는 문장을 앞에 내세우고 그에 이어 주변적, 부수적, 파생적 법률관계를 서술한다.

나. 사실이 인정되는 경우의 설시방법

1) 직접증거[131]에 의한 인정의 경우

요증사실에 관하여 직접적인, 따라서 강력한 증거가 있는 경우에는 앞에서 설명한 바에 따라 증거를 거시한 다음 주장책임 있는 자가 주장하는 바와 같은 요건사실을 인정할 수 있다는 취지의 판시를 함으로써 충분하다.

[기재례]

> ……(증거)에 의하면, 원고가 2021. 5. 13. 피고에게 별지 목록 제2항 기재 건물을 임대차보증금 300,000,000원, 차임[132] 월 4,200,000원, 기간 2021. 6. 1.부터 2023. 5. 31.까지 2년으로 정하여 임대하고, 2021. 6. 1. 피고에게 위 건물을 인도한 사실을 인정할 수 있으며 …….
> 따라서 위 임대차계약은 2023. 5. 31. 기간만료로 종료되었으므로, 특별한 사정이 없는 한 피고는 원고에게 위 건물을 인도할 의무가 있다.[133]

---

131) 직접증거는 주요사실의 존부를 증명하기 위한 증거이고, 간접증거는 간접사실이나 보조사실의 존부를 증명하기 위한 증거이다(법원실무제요 민사소송[Ⅲ], 2017, 1290쪽).

132) 실무에서는 “임료”라는 용어도 많이 쓰이고 있으나, 민법 제618조는 “차임”이라는 용어를 사용한다.

133) 임대차목적물 반환청구의 요건사실은 ① 임대차계약, ② 목적물의 인도, ③ 임대차의 종료(기간만료, 해지 등) 사실이다. 그 밖에 목적물이 임대인의 소유인 사실과 임대차 종료 이후에도 임차인이 계속 점유 또는 사용·수익하고 있는 사실은 요건사실이 아니다. 임대차의 종료사실은 종료원인이 기간만료인 경우 기간경과에 따른 당연한 사실이므로 위와 같이 간

2) 간접증거에 의한 인정의 경우

가) 간접사실[134]의 설시가 필요한 대상

판결서에 설시할 사실은 법률효과를 도출하기 위한 발생요건을 기재하는 것이므로 원칙적으로 요건사실을 중심으로 설시하면 된다. 증거에 의하여 요건사실이 직접 인정될 수 있다면 간접사실을 나열하는 방식은 가능하면 피하고 바로 요건사실을 인정한다. 요건사실이 아닌 간접사실, 배경사실, 경위사실 중 결론을 이해하는 데 도움이 되지 않는 사실의 인정은 독자의 주의만 분산시킬 뿐이다.

이처럼 판결서의 사실인정은 원칙적으로 요건사실을 기재하여야 하지만, ① 요건사실의 성질상 또는 ② 당사자 설득을 위하여 간접사실의 기재가 필요하거나 바람직한 경우가 있다.

(1) 내심의 의사

성질상 주요사실(요건사실)을 바로 인정하는 것이 불가능하거나 어려운 경우에는 간접사실을 인정한 다음 인정된 간접사실에 의하여 주요사실을 추인하는 방법을 취하게 된다. 주요사실이 주관적인 내심의 의사인 경우에는 이를 바로 인정하기 어렵기

단히 설시한다. 종료원인이 해지인 경우에는 해지권의 근거 내지 발생원인, 해지의 의사표시가 도달한 사실을 설시하여야 한다. 민법 제640조에 의한 해지를 이유로 하는 경우에는, 임차인이 차임을 지급하지 않은 사실을 위 규정에 의한 해지권의 발생요건으로 설시하여야 한다.

한편, 임대차보증금 반환청구의 요건사실은 ① 임대차계약, ② 임대차보증금의 지급, ③ 임대차의 종료 사실이다. 임차인이 목적물을 반환한 사실은 이 부분의 요건사실이 아니고, 임대인이 동시이행의 항변을 할 경우 그에 대한 재항변으로 주장할 사실이다.

134) '간접사실'이란 주요사실의 존부를 경험칙에 기하여 추인하는 데 쓰이는 사실, 즉 경험칙 적용을 위한 전제사실을 말한다. 대체로 배경, 교섭의 경과와 동기, 내력, 목적 등에 관한 사실을 말한다. 예컨대 어떤 계약내용 중에 특별한 약정이 있었던 사실을 설시함에 있어 그 약정을 하게 된 동기나 경과에 관한 설명을 덧붙인다거나, 소유권이전등기가 명의신탁계약에 기인한 것임을 설시함에 있어 그 명의신탁을 하게 된 원인, 경위 등의 설명을 덧붙이는 따위이다. 취득시효의 기산일은 취득시효에 의한 권리발생의 효과를 판단하는 데 간접적이고도 수단적인 구실을 하는 것에 불과한 간접사실이다(대법원 1994. 4. 15. 선고 93다60120 판결). 간접부인을 하면서 적극적으로 주장한 사실 등도 간접사실이다(법원실무제요 민사소송[Ⅱ], 2017, 958쪽).

때문에 간접사실을 인정한 후에 주요사실을 추인하는 것이다.[135] 즉, 선의·악의, 고의와 같은 내심의 의사는 그 자체가 요건사실에 해당하고 내심의 의사를 추단할 수 있는 정황사실은 간접사실에 해당하므로, 결국 간접사실의 인정을 통하여 내심의 의사의 유무를 판단하게 된다.[136]

이와 유사한 기재 형태로는 신의성실의 원칙, 선량한 풍속 기타 사회질서 등과 같이 법률상 요건이 불확정개념에 의하여 일반적·추상적으로 정해지는 일반조항이 있다. 일반조항을 판단하는 기초가 되는 사실을 간접사실로 보는 견해도 있으나 요건사실로 보는 것이 일반적이다.[137] 따라서 이와 같은 사실을 기재하는 것이 예외적 간접사실의 기재라고 볼 수는 없으나 그 기재 방식에서는 판단의 기초되는 사실을 요건사실로 기재한 후 일반조항의 적용을 인정하는 방식으로 기재하게 된다.

(2) 평가적 판단

묵시적 의사표시, 협력의무의 불이행 등과 같은 평가적 판단 역시 성질상 외형적인 표시행위가 없으므로 관련 사실관계를 통하여 인정하게 된다. 이러한 평가적 판단을 가능하게 하는 개개의 사실을 요건사실로 보는 견해도 있지만 간접사실로 보는 것이 현재 실무례이다.[138] 따라서 평가적 판단은 그 기초가 되는 간접사실의 인정을 통하여 이루어진다.[139]

(3) 핵심 쟁점의 요건사실을 인정할 직접증거의 부재 또는 부족

요증사실을 증명하기 위한 직접증거의 증명력이 약하여 이것만으로는 사실인정을 할 수는 없지만 곧바로 주장을 배척하기는 곤란한 경우, 즉, 다른 간접증거에 의하여 1개 또는 여러 개의 간접사실의 존재를 인정할 수 있고, 이러한 간접사실로부터 주요

---

135) 이에 해당하는 것으로 사해행위에서의 채무자의 사해의사 및 수익자 또는 전득자의 선의 등을 들 수 있다.

136) 대법원 1992. 11. 24. 선고 92다21135판결, 2004. 8. 20. 선고 2003다26075 판결 참조

137) 요건사실론, 13쪽

138) 요건사실론, 18쪽

139) 대법원 1993. 3. 23. 선고 92다39334, 39341 판결, 2001. 6. 1. 선고 98다17930 판결, 2001. 10. 12. 선고 2001다7865 판결 참조

사실을 추인할 수 있는 경우가 있을 수 있다. 이 경우 주요사실의 존재를 긍정하는 결론을 내리기 위한 전제로서 간접사실의 존재를 설명할 필요가 있다.

특히 당사자 사이에 다툼의 대상이 되었던 핵심 쟁점의 요건사실에 부합하는 직접증거가 소송과정에 현출되지 않았거나 직접증거의 증명력이 약하다면 간접사실을 통하여 요건사실을 인정하여야 한다. 즉, 기술적·객관적 요건사실이라도, 예컨대 직접증거가 없고 당사자 사이에 다툼이 있음에도 곧바로 다툼의 대상인 사실을 단정적으로 기재하면, 행위의 특정에도 문제가 있을 뿐만 아니라 설시가 빈약하다는 느낌을 주게 된다. 따라서 간접사실의 설시는 주로 쟁점에 대한 판단 부분에서 적극적으로 활용된다.

일례로 대물변제의 성부에 관하여 본래의 급부를 독촉한 시점에 본래의 급부와 다른 목적물의 교부가 행하여진 것에 관하여 당사자 사이에 다툼이 없으나 다만 그것을 가지고 본래의 급부에 갈음한다는 합의가 있었느냐 없었느냐가 다투어지는 경우를 생각해 볼 수 있다. 이와 관련해 직접증거가 긍정 또는 부정의 어느 쪽으로도 유력하지 아니하지만 그 다른 목적물의 가격이 본래의 급부에 가까운 경우라면, 다른 목적물의 가격이 본래의 급부의 가치에 가깝다고 하는 것은 대물변제의 성립요건은 아니지만 사실상 대물변제의 통례이므로 이와 같은 경우는 다른 반증이 없는 한 대물변제의 합의(주요사실)를 추인하게 하는 유력한 간접사실이 될 수 있다.

나) 간접사실로부터 주요사실(요건사실) 추인

소송에 있어서의 증명은 요건사실의 증명이 최종적인 목표가 된다. 사실인정은 요건사실의 인정이 그 핵심이 된다고 할 수 있다. 그리고 요건사실은 몇 개의 간접사실에 의해 추정되는 경우가 많다. 예를 들면, 정기예금통장을 증거로 하여 그 무렵 정기예금을 해지하여 예금을 환불받았다고 하는 사실(간접사실)은 같은 금액을 대여한 것이라고 하는 사실(요건사실)을 추정[140]할 수 있는 하나의 근거가 될 수 있는 것이다.

간접사실의 인정은 그 자체가 목적이 아니고 어디까지나 주장된 주요사실을 판단하기 위한 수단이다. 그러므로 이 경우에 간접증거를 거시한 다음 간접사실의 인정과정

---

140) 이러한 사실상 추정에 있어서 중요한 역할을 하는 것이 '경험(법)칙'이다. 경험(법)칙은 '개별적 경험으로부터 귀납적으로 얻어지는 사물의 성상이나 인과관계에 관한 지식 또는 법칙'을 말한다.

을 생략하고 바로 주요사실을 단도직입적으로 인정하는 것은 옳지 아니하고, 간접증거에 의하여 먼저 간접사실을 인정할 수 있다는 취지의 판단을 설시한 후에 간접사실로부터 또는 간접사실과 증명력이 부족한 직접증거와의 종합보강에 의하여 주요사실을 추인할 수 있다고 설시하여야 한다.

한편 요건사실을 추론하는 데 필요한 범위를 넘어서 모든 간접사실을 기재할 필요는 없다. 논증에 필요한 범위 내에서 간결하게 기재하면 된다. 설시할 내용도 기판력의 범위와 관련된 내용이 아니라면 반드시 6하원칙을 고집할 필요도 없다.[141)]

다툼의 대상이 되었던 핵심 쟁점을 판단하기 위하여 많은 경우 간접사실을 통하여 요건사실을 추인하는 과정을 거치게 된다. 단순히 간접사실만을 나열하여서는 요건사실을 추인하게 된 경위를 쉽게 알 수 없다면 간접사실로 요건사실을 인정하게 된 추론의 과정도 기재하여야 한다.

[기재례]

① ……(증거)에 의하면, 피고는 앞서 본 취득시효의 완성 후에 원고를 상대로 서울중앙지방법원 2021가합5003호로 시효취득을 원인으로 한 소유권이전등기청구의 소를 제기하였다가 위 대지에 대한 원고의 소유를 인정하여 원고와 합의한 다음 2022. 4. 1. 위 소를 취하한 사실을 인정할 수 있는바, 위 인정사실에 의하면 피고는 특별한 사정이 없는 한 위 취득시효의 완성사실을 알면서 그 이익을 포기한 것으로 추인할 수 있으므로[142)] ……

② ……(증거)에 의하면, 피고 甲은 丙 및 피고 乙과는 전혀 알지 못하는 사이였는데 결혼하는 아들 부부의 주거용으로 급히 살림집을 마련하여야 하는 사정 때문에 2023. 3. 2. 이 사건 아파트를 피고 乙로부터 시가보다 비싼 900,000,000원에 매수한 뒤 2023. 3. 25.까지 위 피고에게 그 대금을 전부 지급한 사실을 인정할 수 있고, 위 인정사실에 의하면 피고 甲이 그 매수 당시 원고를 비롯한 丙의 채권자를 해함을 알지 못하였다고 추인할 수 있으므로,[143)]……

---

141) 새로 쓰는 민사판결서, 110쪽

142) 실무에서는 '추인할 수 있으므로'라는 문구 대신 '봄이 상당하므로'라는 문구를 사용하기도 한다. 이때 후자의 '본다'는 의미가 이른바 '간주'의 의미는 아님에 유의하여야 한다.

143) 사해행위 취소소송에서 수익자의 악의는 추정되므로 수익자가 자신의 책임을 면하려면 자신의 선의를 증명할 책임이 있다. 이 경우 수익자의 선의 여부는 채무자와 수익자의 관계, 채무자와 수익자 사이의 처분행위의 내용과 그에 이르게 된 경위 및 동기, 처분행위의 거래

위 각 기재례에서 사용된 『추인(推認)』이라 함은 간접사실을 기초로 하여 사실상의 추정에 의하여 주요사실(요건사실)을 인정하는 것을 말한다. 이와 같은 견실한 설시는 증거의 평가를 올바르게 하고 논리의 정확을 기하는 담보가 된다. 간접사실이라고까지는 일컬을 수 없는 분쟁의 사정, 경과에 관해서는 이를 설명할 필요가 없지만, 본증과 반증에 각각 유력한 자료가 있을 때에는 분쟁의 내력까지도 설명하는 것이 적절한 경우도 있다.

이러한 경우 두괄식으로 글의 머리에 논리적 추론과정과 그에 따라 인정된 결론인 요건사실을 설시하고 그 아래에 간접사실들을 열거하여 기재하면 판결을 이해하기가 쉬워진다.144)

[기재례]

① ……(증거)에 의하여 인정되는 아래 각 사실 및 사정에 비추어 보면, 피고의 피용자인 甲이 원고들에게 한 기망 및 투자금 명목의 편취행위는 외형상 객관적으로 피고의 사업활동 내지 사무집행행위 또는 그와 관련된 것으로 인정된다.

㉮ 甲은 피고의 금융상품 내지 일반 사모펀드 투자를 빙자하여 원고들 등 고객들로부터 투자금 명목으로 금원을 편취할 목적으로 원고들에게 "피고의 Family Office라는 가문투자 서비스에 월 10% 상당의 이자를 매달 지급하고, 원금은 3~4년 후에 전액 반환하는 사모신탁 금융상품이 있다. VIP 회원들만을 상대로 고수익을 보장해주는 상품이므로 회원으로 가입하여 투자하라"는 취지로 거짓말하였다.

㉯ 甲은 편취금을 관리할 차명계좌와 이와 연계된 증권계좌를 마련하고 피고 대표이사 명판 및 인감도장을 위조하여 당시 피고가 실제 운용하고 있던 '○○ Family Office'라는 금융상품(이하 '이 사건 금융상품'이라 한다)에 관한 피고 명의의 '패밀리 오피스 서비스 증서', '잔고증명서' 등 다양한 양식의 서류를 위조하고 이를 원고들에게 교부하였다.

㉰ 원고들은 甲의 거짓말에 속아 이 사건 금융상품에 가입하는 것으로 알고 그

조건이 정상적이고 이를 의심할만한 특별한 사정이 없으며 정상적인 거래관계임을 뒷받침할만한 객관적인 자료가 있는지, 처분행위 이후의 정황 등 여러 사정을 종합적으로 고려하여 논리칙·경험칙에 비추어 합리적으로 판단하여야 한다(대법원 2015. 10. 29. 선고 2015다37504 판결). 이에 매수의 경위, 매매대금의 액수와 지급여부 등 간접사실로부터 피고 甲이 선의라는 요건사실을 사실상 추정하였으므로 이러한 기재방식에 따른다.

144) 두괄식 구조와 관련된 자세한 내용은 이 책의 2장 3절 1. 다. 부분 참조

투자금 명목으로 甲에게 돈을 지급하였다.

② 1. 불공정약관 해당 여부[145]

가. 원고 甲, 乙, 丙 주장의 요지

PB 환수규정 및 PI 지급중단규정은 아래와 같은 이유로 원고들에게 부당하게 불리한 조항에 해당하므로 불공정하여 무효이다.

㉮ PB 및 PI는 보험상품의 판매실적에 따라 판매수수료(commission)와 별도로 추가 지급되는 보너스로서 위촉 당시의 과거 실적에 따라 지급되는 보수이다. 그런데 실적이 이미 발생한 이후 해당 보험설계사가 해촉되었다는 이유로 이를 환수하거나 지급을 중단할 합리적 이유를 찾기 어렵다.

㉯ 환수금액이 수천만 원에서 수억 원에 이르는 점에 비추어 볼 때 이는 보험설계사의 이직의 자유, 직업선택의 자유 등을 과도하게 침해하는 것이다. 그리고 피고는 1년 이상 정상적으로 유지되던 계약을 임의로 해약한 후 그 책임을 퇴사한 위 원고들에게 전가하고 있다.

나. 판단

앞서 든 각 증거에 변론 전체의 취지를 종합하여 인정되는 아래 사정에 비추어 보면, 원고들이 주장하는 사정만으로는 PB 환수규정 및 PI 지급중단규정이 원고들에게 부당하게 불리한 조항으로 불공정하여 무효라고 보기 어렵다.

㉮ 보험설계사에게 지급하는 모집수수료 내지 PB(성과급)는 해당 보험설계사가 판매한 보험 계약의 보험료(신계약비)를 통해서 충당한다. 그런데 대부분의 보험계약에서 보험료 납입은 통상 7년 정도인 장기간에 걸쳐 이루어지는 반면, 해당 보험계약에 대한 설계사 수당은 그보다 짧은 기간(1~3년 이내)에 지급이 완료되므로, 보험설계사의 수당은 기본적으로 '선(先)지급'의 성격을 가지고 있다. 따라서 성과급을 지급한 이후에 실효된 계약이 있는 경우 이 부분 성과급에 대하여는 환수의 필요성이 인정된다.

㉯ PI(유지장려금)는 신계약 모집 후 일정 기간(7차월, 13차월, 25차월) 동안 보험계약이 유지된 것에 따른 추가 장려금으로 지급되는 것인데 이미 해촉되어 유지업무를 행하고 있지 않는 보험설계사들에게 유지장려금을 지급할 의무가 없다.

㉰ 피고는 보험설계사가 해촉되는 경우 해당 PI를 해당 보험계약에 대한 유지·관리업무를 이양받아 담당하고 있는 설계사에게 지급하고 있다. (이하 생략)

---

145) X보험회사가 소속 보험설계사를 해촉하는 경우 그 재직 기간 동안 보험상품의 판매실적에 따라 추가로 지급받은 성과급(PB)과 기존에 판매한 보험상품의 유지율에 따라 추가로 지급받은 유지장려금(PI)을 일정 기준에 따라 환수하도록 하는 규정이 '불공정한 약관'으로 무효인지 다투는 사건이다.

3) 반증의 배척

앞서 본 바와 같이[146] 전통적 방식이든 새로운 방식이든 원칙적으로는 증거를 채택하거나 배척한 이유는 기재하지 않는 것이 실무례이고, 「판결서 작성방식에 관한 권장사항」은 "본증에 의하여 주장사실을 인정하는 경우에 반증의 배척 또는 반증이 되기에 부족하거나 반증이 없다는 기재는 생략할 수 있다."(제10조 제1항)고 정하고 있다.

다만 주요한 반대증거를 배척할 경우는 그 이유를 명시하여 주는 것이 필요한 경우가 있다.[147] 예컨대, 처분문서 또는 쟁점의 대상이 된 증거의 증명력을 배척하는 경우이다. 이때 배척하는 증거자료의 내용을, '증인 甲의 ……라는 증언'의 식으로 일일이 표시할 필요까지는 없다.

또한 적극부인 사항이 포함된 증거가 집중적으로 많이 제출되어 주된 쟁점이 된 특수한 경우에는 '……사실을 인정할 수 있고, 이와 달리 ……라는 점에 부합하는 ……(증거)는 믿을 수 없으며 ……'의 방식으로 기재해 주는 것이 좋은 경우도 있다(그렇다고 이 경우 상대방의 적극 부인의 주장 내용까지 적시할 필요는 없다). 그리고 '믿지 아니하며' 앞에 수식어를 붙여 '……(증거)는 앞서 든 각 증거에 비추어(또는 위 인정사실에 비추어) 믿지 아니하며'로 쓰는 예도 있으나, 이는 당연한 내용이므로 일반적으로 기재할 필요가 있는 것은 아니다. 또한 '전해 들었다는 내용에 불과하여', '이해관계인이기 때문에', '본인과 특수한 신분관계에 있기 때문에', '실질적으로 사건본인이기 때문에' 등 믿지 아니하는 이유를 설명하는 예도 있으나, 일반적으로는 필요하지 아니하다.

한편, 반증이 되기에 부족한 증거의 설시는 전통적인 방법에 따라 설시하는 경우에도 생략하는 것이 실무례이다.

[기재례]

① 반증의 배척

……, 증인 甲의 일부[148] 증언, 변론 전체의 취지를 종합하면, ……사실을 인정할 수

---

146) 2장 1절 2. 나. 4) 나) 부분 참조

147) 배척증거의 명시를 누락하면 이유불비가 될 수도 있다(대법원 1992. 12. 24. 선고 92다42484 판결 참조).

148) 하나의 증거자료 중 일부만을 채용하고, 일부를 배척할 수 있으며, 이 때 그 채용하는 부분

있고, 이에 반하는 ……, 증인 乙의 증언은 믿지 아니한다.[149]

② 간접반증[150]의 배척

……을 추인할 수 있고, 한편 증인 丙의 증언에 의하면 …… 사실을 인정할 수 있으나, 위 인정사실만으로는 위 추인을 뒤집기에 부족하다(또는 추인에 방해가 되지 아니한다).

다. 사실이 인정되지 아니한 경우의 설시방법

1) 일반론

가) 요증사실을 배척한다는 것은, 증거가 없거나 증거는 있지만 믿을 수 없기 때문에 요증사실을 인정할 수 없다는 것을 의미한다.

증거가 없거나 믿을 수 없기 때문에 인정되지 않는 대상은 사실이다. 따라서 요증사실을 인정하는 경우와 마찬가지로, 청구원인사실이든 항변사실이든, 법률효과를 부정하기에 앞서 당사자가 주장하고 있는 사실이 인정되지 않는다는 뜻을 먼저 설명하여야 하고, 이를 생략한 채 곧바로 법률효과의 부존재를 설명하여서는 아니 된다. 예컨대 「……라고 주장하나, 계약해제를 인정할 증거가 없다.」라고 설시하여서는 아니 되고, 계약해제권 발생의 요건사실 중 어느 사실 또는 해제권 행사의 요건사실인 해제의 의사표시를 한 사실 등이 증거상 인정되지 아니한다는 것을 명시하여야 한다.

[기재례]

잘못된 설시	올바른 설시
……라고 주장하나, 계약해제(법률효과)를 인정할 증거가 없다.	……라고 주장하나, 원고가 해제의 의사표시를 하였음을(……사실을) 인정할 증거가 없다.

이나 배척하는 부분을 특정하여 설시할 필요는 없으나, 그 취지의 명시를 위해 '일부'를 설시하여 준다.

149) 반증이 되기에 부족한 증거를 설시한다면, 「……(반증)은 믿기 어려우며, ……만으로는 위 인정을 뒤집기에 부족하다」 정도이다.

150) 간접반증이란 주요사실에 대하여 일응의 추정이 생긴 경우, 상대방이 그 추정의 전제사실과 양립되는 별개의 간접사실을 증명하여 주요사실의 추인을 방해하는 증명활동이다[이시윤, 신민사소송법(제15판), 박영사, 2021, 552쪽].

나) 요증사실의 존재(예컨대, 계약체결)가 인정되지 아니하는 경우에도 원칙적으로는 적극적으로 당해 사실의 부존재(예컨대, 계약 불체결)를 설명할 필요는 없다. 그러므로 요증사실의 존재가 인정될 수 없는 경우이건 요증사실의 존재가 불명한 경우이건, 법원은 증명책임이 있는 당사자에게 불이익한 판단을 하면 된다. 예컨대, 「**원고는 ……라고 주장하나, 이를 인정할 만한 증거가 없다.**」 또는 「**원고는 ……라고 주장하나, 이에 부합하는 증인 甲의 증언은 믿을 수 없고, 달리 원고의 위 주장사실을 인정할 만한 증거가 없다.**」라고 설시하면 충분하다.[151]

위와 같이 요증사실이 증명되지 아니하였다는 이유로 증명책임이 있는 당사자에게 불이익한 판단을 함에 있어서는, 증명책임이 있는 당사자가 제출한 증거만에 의하여 판단할 것이 아니고, 증거공통의 원칙[152]상 상대방이 제출한 증거에 의하여서도 요증사실이 인정되지 아니하는 경우라야 한다. 그러므로 피고가 신청한 증거로서 원고의 주장사실에 부합하는 것이 있는 경우에, 원고의 주장사실을 인정할 증거가 없다고 판시하려면 그에 앞서 원고가 원용한 여부와 상관없이 이를 배척하는 판단을 하는 것이 바람직하다.[153]

다) 요증사실이 증거에 의하여 인정되지 아니할 경우 「……(증거)에 의하면 …… 사실이 인정되지 않는다.」와 같이 설시하여서는 아니 된다. 그와 같은 설시는 그 증거가 요증사실을 증명하는 데 부족하다는 취지인지 또는 그 증거에 의하여 요증사실의 부존

151) 이 경우에 「위 인정을 뒤집을 만한 증거가 없다.」라고 설시하지 아니하도록 주의하여야 한다. 위와 같은 문례는 법원이 요증사실을 적극적으로 인정한 후 반증이 없는 경우에 사용되는 표현이기 때문이다.

152) 사실인정의 기초가 되는 증거는 어느 당사자에 의하여 제출되거나 또 상대방이 이를 원용하는 여부에 불구하고 법원은 이를 당사자 어느 쪽의 유리한 사실인정의 자료로 할 수 있다(대법원 1987. 11. 10. 선고 87누620 판결, 2004. 5. 14. 선고 2003다57697 판결, 2014. 3. 13. 선고 2013다213823, 213830 판결).

153) 다만, 증거공통의 원칙은 법원이 자유롭게 당사자 쌍방의 증거를 판단의 자료로 할 수 있다는 데 불과할 뿐 상대방이 원용하지 아니하는 증거에 관하여도 상대방이 제출한 증거와 마찬가지로 채부(採否) 판단을 하여야 하는 것은 아니므로, 당사자 일방이 제출한 증거가 상대방의 주장에 관련되더라도 상대방이 원용하지 아니하였으면 그 증거를 배척한다는 판단을 하지 아니하였다고 하더라도 판단누락이라고 할 수 없다(대법원 1982. 12. 28. 선고 82누461 판결, 1983. 5. 24. 선고 80다1030 판결 등 참조).

재, 즉 반대사실을 인정할 수 있다는 취지인지가 명백하지 아니하고, 후자의 취지라면 증명책임의 분배의 원칙에도 어긋나는 것이므로 위와 같은 표현은 피하여야 한다.

[기재례]

잘못된 설시	올바른 설시
……(증거)에 의하면, ……(사실)이 인정되지 않는다.	……(증거)만으로는, ……(사실)을 인정하기에 부족하고 달리 이를 인정할 증거가 없다.

라) 그런데 실제 소송에서는 증명책임이 있는 당사자가 증명하는 것을 상대방이 방관만 하는 것이 아니라 상대방도 반증을 제출하는 경우가 많으므로, 법원이 일방을 패소시킬 때에는 상대방의 반증에 의하여 요증사실보다 반대사실에 관하여 심증을 얻는 경우가 흔히 있다. 이와 같이 반대사실에 관하여 확신을 얻은 때에는 「**…… 달리 위 주장사실을 인정할 만한 증거가 없고**」라고 기재한 다음에 「**오히려 ……(증거)에 의하면 ……의 사실을 인정할 수 있다.**」라고 설시하기도 하는바,[154] 이러한 설시는 본증을 믿을 수 없다고 하는 판단이 정확하다는 것을 담보하거나 당사자를 납득시키는 역할을 하게 된다.

그러나 법원이 본증, 반증의 어느 증거에 의하여서도 진위를 결정할 수 없어 증명책임의 귀속에 의하여 승패를 결정할 수밖에 없는 경우에는 반대사실의 존재를 긍정하여서는 안 된다. 반대사실의 존재는 원래의 증명명제가 아니므로 반대사실의 인정은 특수한 경우를 제외하고는 필요하지 아니할 뿐만 아니라, 사실인정을 그르칠 위험이 있기 때문이다.

154) 반대사실의 증명에 성공하여 요증사실의 부존재 심증이 얻어진 경우에도, 「……(증거)에 의하면, …… 매매계약을 체결하지 아니한 사실을 인정할 수 있다.」는 등 바로 요증사실의 부존재를 인정하는 방식으로 기재하는 것은 증명책임을 전도한 설시이기에 바람직하지 않다. 다만, 반대사실을 전면적으로 설시함으로써 당사자의 주장을 배척하는 것이 가능하다는 부분과 관련해 「판결서 작성방식에 관한 권장사항」 제11조 제2항 및 이러한 경우에 유의할 사항에 관하여 앞에 있는 2장 1절 1. 나. 4) 부분 참조

2) 구체적인 기재례

가) 증거가 전혀 없는 경우

전혀 증명을 하지 않았거나 증명을 위하여 제출된 증거가 요증사실과 아무런 관계도 없는 경우이다.

[기재례]

원고는 ……라고 주장하나, 이를 인정할 만한 (아무런) 증거가 없으므로 위 주장은 이유 없다.

나) 증거가 부족한 경우

[기재례]

① ……라고 주장하나, ……(증거)만으로는 ……(사실)을 인정하기에 부족하고 달리 이를 인정할 증거가 없으므로 위 주장은 이유 없다.

② 피고는 ……라고 항변하나, 을 1호증의 기재와 증인 甲의 증언[155]만으로는 위 항변사실을 인정하기에 부족하고 달리 이를 인정할 만한 증거가 없으므로 위 항변은 이유 없다.

다) 부합하는 증거를 단순배척하는 경우

[기재례]

① ……라고 주장하나, 이에 부합하는 (듯한) ……(증거)는 믿기 어렵고(믿을 수 없고) 달리 이를 인정할 증거가 없으므로 위 주장은 이유 없다.

② 피고는 ……라고 항변하나, 이에 부합하는 듯한 증인 甲의 증언은 믿기 어렵고 달리 이를 인정할 만한 증거가 없으므로 위 항변은 이유 없다.

라) 부합하는 증거를 반대증거에 비추어 배척하는 경우

[기재례]

① ……라고 주장하나, 이에 부합하는 ……(증거)는 ……(증거)에 비추어 믿기 어렵고,

---

155) 부합하는 증거를 배척하는 경우와는 달리 부족증거의 앞에는 「이에 부합하는」이라는 문구를 쓰지 아니한다. 반증 및 반증 부족증거를 배척하는 경우와 대비된다.

달리 위 주장사실을 인정할 증거가 없으므로 위 주장은 이유 없다.

② 원고는 ……라고 주장한다. 그러나 이에 부합하는 을 3호증의 기재는 증인 甲의 증언에 비추어 믿기 어렵고,[156] 달리 위 주장사실을 인정할 증거가 없으므로 위 주장은 이유 없다.

마) 부합하는 증거를 배척하고 반대사실을 인정하는 경우

[기재례]

① ……라고 주장하나 이에 부합하는 ……(증거)는 ……에 비추어 믿기 어렵고, 달리 위 주장사실을 인정할 증거가 없으며 오히려 ……(증거)에 의하면 ……의 사실을 인정할 수 있다. 따라서 위 주장은 이유 없다.

② 원고는 …… 피고 乙이 원고에 대하여 피고 甲의 위 대출금채무를 연대보증하였다고 주장하나, 이에 부합하는 증인 丙의 일부 증언은 믿기 어렵고 달리 이를 인정할 증거가 없다. 오히려 을 1호증의 기재와 증인 丁의 증언에 의하면, 피고 乙은 2022. 4. 8. 원고와 그 당시까지 이미 발생한 피고 甲의 원고에 대한 위 대출금채무는 피고 甲이 변제하고, 그 이후 발생할 대출금채무에 대하여만 피고 乙이 피고 甲과 연대하여 책임지기로 약정한 사실이 인정될 뿐이다. 따라서 원고의 위 주장은 이유 없다.

바) 간접증거가 부족하여 요증사실을 배척하는 경우

한 개 내지 여러 개의 간접사실(a)이 인정되고, 그 결과 요증사실(A)의 존재가 어느 정도까지는 추측될 수 있지만, 그것만으로는 요증사실(A)을 추인하기에 충분하지 못한 경우이다.

[기재례]

① ……(증거)에 의하면 ……(a)사실이 인정되지만, 위 인정사실만으로는 ……(A)사실을 추인하기에[(A)라고 보기에] 부족하고 달리 위 (A)사실을 인정할 증거가 없다. 따라서 위 주장은 이유 없다.

② 원고는 …… 피고에게 위 돈을 대여한 것이라고 주장한다. 갑 1, 2호증의 각 기재 및

156) 부합하는 증거를 배척할 때 「…… 증언은 뒤에서 인정하는 사실에 비추어 믿기 어렵고」, 또는 「…… 증언은 뒤에서 드는 증거에 비추어 믿기 어렵고」라는 식으로 대비문구를 넣기도 한다.

변론 전체의 취지를 종합하면 원고가 피고의 연락을 받은 2022. 5. 1. 원고의 정기예금을 해지하여 예금 …… 원을 환불받은 사실이 인정되나(인정될 뿐으로), 위 인정사실만으로는 원고가 피고에게 원고 주장 액수의 돈을 대여하였다고 보기에 부족하고 달리 이를 인정할 만한 증거가 없다. 따라서 위 주장은 이유 없다.

사) 간접반증을 받아들여 요증사실을 배척하는 경우

한 개 내지 여러 개의 간접사실(a)이 인정되어 그 범위에서는 요증사실(A)을 추인하는 데 충분하지만, 다른 한편, 위 추인을 동요시키는 별개의 간접반대사실(b)이 인정되어 그것을 합쳐 생각하면, 결국 위 추인이 방해되어 요증사실(A)을 인정할 수 없는 경우, 즉 간접반증이 성공한 경우이다.

[기재례]

① ……라고 주장하므로 살피건대, ……(증거)에 의하면 ……(a)사실을 인정할 수 있으나, 한편 ……(증거)에 의하면 ……(b)사실을 인정할 수 있는바, 이에 비추어 보면 위 (a)사실로부터 바로 ……(A)사실을 추인하기 어렵고, 달리 위 (A)사실을 인정할 만한 증거가 없다.

② ❒ 전통적 방식

원고는 …… 피고에게 50,000,000원을 이자 월 1%, …… 대여하였다고 주장한다. 살피건대, 갑 제1호증의 기재와 증인 甲의 증언에 의하면 원고가 2021. 1. 5. 고양은행 마두지점의 예금계좌에서 50,000,000원을 인출하여 같은 날 피고에게 교부한 사실, 피고가 2023. 2. 8. 및 2023. 3. 8. 원고의 위 예금계좌로 각 500,000원을 송금한 사실을 인정할 수 있으나, 한편 증인 乙의 증언 및 변론 전체의 취지를 종합하면, 피고는 다액의 수표부도를 내고 현재 피신 중인 丙의 피용인으로서 丙의 지시를 받아 그가 원고로부터 차용하는 금전을 받아 오거나 그 이자를 송금하는 심부름을 자주 하여 온 사실, 원고와 피고 사이에는 특별히 금전대차관계를 맺을 만한 친분관계나 신용거래관계가 없었던 사실, 원고는 丙이 행방을 감추기 전에는 丙에 대하여만 채무변제를 독촉하였을 뿐 같은 곳에 근무하던 피고에 대하여는 한 번도 채무변제를 재촉한 일이 없었던 사실이 인정되는바, 이에 비추어 보면 앞에서 인정한 사실만 가지고는 원고가 위 금전을 피고에게 대여한 것이라고 추인하기 어렵고, 달리 이를 인정할 증거가 없다.

③ ❒ 새로운 방식(두괄식)

원고는 …… 피고에게 50,000,000원을 이자 월 1%, …… 대여하였다고 주장한다. 갑 1호증의 기재, 증인 甲의 증언에 의하면 원고가 2021. 1. 5. 고양은행 마두지점의 예금계좌에서 50,000,000원을 인출하여 같은 날 피고에게 교부한 사실, 피고가 2023. 2. 8. 및 2023. 3. 8. 원고의 위 예금계좌로 각 500,000원을 송금한 사실은 인정된다.

그러나 증인 乙의 증언 및 변론 전체의 취지를 종합하여 인정되는 다음과 같은 사실에 비추어 보면, 위 인정사실만 가지고는 원고가 위 금전을 피고에게 대여한 것이라고 보기 어렵고, 달리 이를 인정할 증거가 없으므로 원고의 위 주장은 이유 없다.

① 피고는 다액의 수표부도를 내고 현재 피신 중인 丙의 피용인으로서 丙의 지시를 받아 그가 원고로부터 차용하는 금전을 받아 오거나 그 이자를 송금하는 심부름을 자주 하여 왔다.

② 원고와 피고 사이에는 특별히 금전대차관계를 맺을 만한 친분관계나 신용거래관계가 없었다.

③ 원고는 丙이 행방을 감추기 전에는 丙에 대하여만 채무변제를 독촉하였을 뿐 같은 곳에 근무하던 피고에 대하여는 한 번도 채무변제를 재촉한 일이 없었다.

3) 특수한 경우의 기재례

가) 처분문서의 실질적 증거력 배척

[기재례]

❒ 미괄식

원고는, 위 연대보증 당시 피고가 앞서 본 甲의 대출금채무(이하 '이 사건 대출금채무'라 한다) 외에도 甲이 원고에 대하여 현재 부담하고 있거나 장래 부담하게 될 일체의 채무에 관하여도 연대보증을 하였으므로 그 후 2019. 7. 12.부터 2023. 5. 22.까지 사이에 5회에 걸쳐 甲이 원고로부터 대출받은 합계 10,905,700,000원 중 아직 변제되지 아니한 10,609,817,638원에 대하여도 피고에게 연대보증책임이 있다고 주장한다.

살피건대, …… 갑 1호증의 기재에 의하면 피고가 앞서 본 연대보증 당시 원고은행에서 인쇄해 놓은 차용금증서(갑 1호증)의 연대보증인란에 서명날인하였고, 위 차용금증서에는 연대보증인은 채무자가 채권자에 대하여 현재 또는 장래 부담하게 될 일체의 채무원리금에 대하여 연대보증채무를 부담한다는 약정이 부동문자로 인쇄되어 있는 사실은 인정된다. 한편 ……(증거)에 의하면 위 연대보증 당시 원고와 피고는 위 포괄근보증약정의 점에 관하여는 서로 아무런 지적도 하지 않았고, 문제된 것은 오로

지 이 사건 대출금채무뿐이었기 때문에 당시 피고가 제공한 부동산에 설정한 근저당권의 채권최고액도 은행대출의 일반 관례에 따라 이 사건 대출금채무의 150%에 가까운 미화 400,000달러로 정한 사실, 그 후 甲이 원고의 주장과 같이 5회에 걸쳐 10,905,700,000원을 대출받은 사실을 인정할 수 있다. 위 인정사실에 의하면 피고로서는 위 연대보증 당시 이 사건 대출금채무만을 연대보증하는 동시에 그 채무만을 담보하기 위하여 위 부동산에 근저당권을 설정할 의사로 위 부동문자로 인쇄된 차용금증서의 연대보증인란에 서명날인을 하였던 것이라 하겠고, 또한 앞서 본 은행대출의 일반 관례에 비추이 볼 때 위 근지당권의 채권최고액인 미화 400,000달러는 이 사건 대출금의 150% 해당금액과 거의 일치하는 반면 甲이 그 후 5회에 걸쳐 대출받은 10,905,700,000원은 위 채권최고액보다 훨씬 많은 점 및 특히 채권최고액이 미화로 정하여진 점 등에 비추어 보면, 원고로서도 당시 이 사건 대출금채무만이 연대보증의 대상이 되는 것을 전제로 하여 피고와 위 연대보증약정을 체결하였던 것이라고 봄이 상당하다. 그러므로 위 갑 1호증의 기재만으로는 원고의 주장과 같은 포괄적인 근보증계약의 체결 사실을 인정하기에 부족하고 달리 이를 인정할 증거가 없다. 따라서 원고의 위 주장은 이유가 없다.[157]

❒ 두괄식

원고는, 위 연대보증 당시 피고가 앞서 본 甲의 대출금채무(이하 '이 사건 대출금채무'라 한다) 외에도 甲이 원고에 대하여 현재 부담하고 있거나 장래 부담하게 될 일체의 채무에 관하여도 연대보증을 하였으므로 그 후 2019. 7. 12.부터 2023. 5. 22.까지 사이에 5회에 걸쳐 甲이 원고로부터 대출받은 합계 10,905,700,000원 중 아직 변제되지 아니한 10,609,817,638원에 대하여도 피고에게 연대보증책임이 있다고 주장한다.

---

157) 대법원 1987. 5. 26. 선고 85다카1046 판결의 사실을 일부 변형시켜 만든 기재례이다. 대법원은 처분문서의 실질적 증거력과 관련하여 포괄근저당권을 설정한다는 문언이 기재된 근저당권설정계약서의 해석에 있어서 "은행과 근저당권설정자 사이에 근저당권설정계약이 체결될 때 작성된 근저당권설정계약서에 은행의 여신거래로 생기는 모든 채무를 담보하기로 하는 이른바 포괄근저당권을 설정한다는 문언이 기재된 경우에, 그 근저당권설정계약서가 부동문자로 인쇄된 약관의 형태를 취하고 있더라도 이는 처분문서라 할 것이므로, 그 진정성립이 인정되는 때에는 은행의 담보취득행위가 은행대차관계에서 이례에 속하여 관례를 벗어나는 것으로 보이거나 피담보채무를 제한하는 개별 약정이 있었다는 등의 특별한 사정이 없는 한 그 문언대로 의사표시의 존재와 내용을 인정하여야 한다."고 판시하여 처분문서의 객관적·문언적 해석의 중요성을 강조하고 있다는 점을 유의할 필요가 있다(대법원 1990. 11. 27. 선고 90다카10077 판결, 2001. 1. 19. 선고 2000다44911 판결, 2020. 10. 15. 선고 2019다222041 판결 등 참조).

갑 1호증의 기재에 의하면 피고가 앞서 본 연대보증 당시 원고은행에서 인쇄해 놓은 차용금증서(갑 1호증)의 연대보증인란에 서명날인하였고, 위 차용금증서에 '연대보증인은 채무자가 채권자에 대하여 현재 또는 장래 부담하게 될 일체의 채무원리금에 대하여 연대보증채무를 부담한다'는 약정이 부동문자로 인쇄되어 있는 사실은 인정된다.
그러나 ……(증거)에 의하여 인정되는 다음과 같은 사실 및 사정을 모두 종합하면, 갑 1호증의 기재만으로는 원고가 주장하는 포괄근보증계약의 체결 사실을 인정하기에 부족하며 달리 이를 인정할 증거가 없으므로 원고의 위 주장은 이유 없다.
① 위 연대보증 당시 원고와 피고는 위 포괄근보증약정의 점에 관하여는 서로 아무런 지적을 하지 아니하였다.
② 당시 피고가 제공한 부동산에 설정한 근저당권의 채권최고액은 미화 400,000달러로 정하였고, 그 후 甲은 원고의 주장과 같이 5회에 걸쳐 피고의 연대보증과는 별도로 10,905,700,000원을 대출받았다.
③ 은행대출의 일반 관례에 비추어 볼 때 위 근저당권의 채권최고액인 미화 400,000달러는 이 사건 대출금의 150% 해당금액과 거의 일치하는 반면 甲이 그 후 5회에 걸쳐 대출받은 10,905,700,000원은 위 채권최고액보다 훨씬 많고, 특히 채권최고액이 미화로 정해졌다.
④ 위와 같은 사정에 비추어 볼 때 위 연대보증 당시 당사자 사이에 연대보증의 대상으로 문제가 된 것은 오로지 이 사건 대출금채무였기 때문에 피고로서는 이 사건 대출금채무만을 연대보증하는 동시에 그 채무만을 담보하기 위하여 위 부동산에 근저당권을 설정할 의사로 위 부동문자로 인쇄된 차용금증서의 연대보증인란에 서명날인을 하였고, 원고로서도 이 사건 대출금 채무만이 연대보증의 대상이 되는 것을 전제로 하여 피고와 위 연대보증약정을 체결하였던 것으로 보인다.

나) 서증의 형식적 증거력 배척

[기재례]

① 원고는 ……라고 주장하나, 갑 1호증[158]은 그 진정성립을 인정할 자료가 없어 증거로 삼을 수 없고, 달리 위 주장사실을 인정할 증거가 없으므로 원고의 위 주장은 이유 없다.

② 제3자에 의한 인장 날인

---

158) 형식적 증거력을 배척하는 것이므로 '갑 1호증의 기재'라고 하지 않음에 주의하여야 한다.

❒ 전통적 방식

원고는 ……라고 주장한다. 살피건대, 갑 제1호증(매매계약서)에 있는 피고 이름 다음의 인영이 피고의 인장에 의한 것임은 당사자 사이에 다툼이 없으나, 한편 을 제2호증의 1, 2(각 피의자신문조서)의 각 기재 및 변론 전체의 취지를 종합하면, 소외 甲이 위 매매계약서상 피고 이름 옆에 피고의 인장을 날인한 사실을 인정할 수 있는바, 증인 乙의 증언만으로는 甲에게 피고의 인장을 날인할 권한이 있었다는 사실을 인정하기에 부족하고 달리 이를 인정할 아무런 증거가 없는 이상, 위 갑 제1호증은 증거로 쓸 수 없고, ……(배척증거와 부족증거 설시) 달리 위 주장사실을 인정할 증거가 없으므로 원고의 위 주장은 이유 없다.[159)]

❒ 새로운 방식

원고는 ……라고 주장한다. 살피건대, 이에 부합하는 듯한 갑 1호증에 피고의 도장이 찍혀 있지만, 을 2호증의 1, 2의 각 기재 및 변론 전체의 취지를 종합하면, 甲이 위 도장을 날인한 사실이 인정되고, 증인 乙의 증언만으로는 甲에게 피고의 도장을 날인할 권한이 있었다는 사실을 인정하기에 부족하며 달리 이를 인정할 아무런 증거가 없으므로 위 갑 1호증은 증거로 쓸 수 없다. ……(배척증거와 부족증거 설시) 달리 원고의 위 주장사실을 인정할 증거가 없다.

라. 구분이 필요한 개념

1) 반대사실과 반대 간접사실

가) 반대사실 예시

원고가 피고를 상대로 대여금 청구를 한 사례에서 실질적 차용인은 피고가 아니라 丙이라는 사실은 대여 요건사실에 대한 반대사실에 해당한다.

---

159) 피고의 인영에 대한 다툼이 없어 피고에 의한 인영날인이 사실상 추정되는 상황에서 피고가 제3자인 甲이 피고의 인장을 날인한 사실을 주장·증명함에 따라 피고의 인영날인에 관한 위 추정이 번복되었고, 이에 원고가 다시 甲에게 피고의 인장을 날인할 적법한 권한이 있었다는 사실을 주장 및 증명해야 하였으나 그 증명에 실패함에 따라 결국 위 매매계약서의 진정성립이 인정되지 아니하여 이를 증거로 쓸 수 없다는 설시이다(대법원 2003. 4. 8. 선고 2002다69686 판결 참조).

나) 반대 간접사실 예시

원고와 피고 사이에 차용증이 작성되지는 아니하였지만 원고가 피고에게 대여금이라고 주장하는 금원을 송금한 사실과 피고가 원고에게 매월 일정금액을 일정기간 송금한 사실을 근거로 피고의 차용사실을 추인하는 방식으로 요건사실을 증명하려고 하는 경우, 피고가 丙의 심부름을 받고 원고로부터 차용금을 수령하여 丙에게 지급하였고, 원고와 피고 사이에 금전거래를 할 만한 동기, 친분관계가 없으며, 丙이 소재불명이 되기 전까지 원고는 피고에게 변제를 독촉한 적이 없고 丙에게만 채무변제를 독촉한 사실 등은 반대 간접사실에 해당한다.[160]

다) 경계의 모호성

반대사실과 반대 간접사실은 개념적으로 구분되지만, 실제로는 경계가 모호한 경우가 많다. 특히 반대사실은 결정적인 직접증거(원고와 丙 사이에 작성된 차용증)에 근거하여 인정할 수도 있으나, 여러 증거를 종합하여 추론한 결과 인정하는 경우가 많으므로 그 과정에서 반대 간접사실이 등장하기도 한다.

2) 부합 간접사실과 반대 간접사실

간접사실을 ① 요건사실의 존재를 추인케 하는 사실(이하 '부합 간접사실'이라고 함)과, ② 요건사실의 추인을 방해하는 사실로서 부합 간접사실과 양립 가능한 별개의 사실(이하 '반대 간접사실'이라고 함)로 구분할 수 있는데, 판결이유에서 간접사실을 기재하는 경우를 분류하여 보면 아래와 같다.

가) 부합 간접사실을 기재하는 경우

(1) 주장 인용 시: 간접사실로부터 요건사실을 추론하기 위하여

(2) 주장 배척 시: 주장에 부합하는 간접사실들 중에서 인정되는 간접사실의 범위를 정하여 판단대상을 설정하기 위하여(부합 간접사실을 기재한 후 '이러한 사정만으로는 …… 사실을 인정하기에 부족하다.'라고 판단하거나 또는 간접반증에 의하여 주장사실을 배척하는 경우)

---

160) 앞에 있는 2장 1절 3. 다. 2) 사) 부분 기재례 참조

나) 반대 간접사실을 기재하는 경우

(1) 부합 간접사실과 비교, 대비, 논리분석 등을 통하여 부합 간접사실을 배척하기 위한 목적으로 기재하는 경우

(2) 부합 간접사실이 없는 경우 또는 부합 간접사실이 배척된 경우에도 해당 당사자의 주장을 받아들일 수 없다는 것을 더욱 분명히 하기 위하여[161)]

3) '사실'과 '사정'

요건사실에 대한 판단에서 사용되는 논거는 다음 ① 내지 ④로 분류해 볼 수 있다. 실무상 ①, ②는 '사실'로, ③, ④는 '사정'으로 표현하는 경향이 있는 것으로 보인다.[162)]

① 증거에 따라 직접 인정하는 사실관계

② 인정한 간접사실에 경험칙을 적용하여 추인하는 사실관계

③ 인정사실을 바탕으로 한 법적 평가

④ 논리적인 추론, 증거에 대한 평가, 소송의 경과 등

그와 같은 분류에 따를 때, 인정사실(간접사실)과 법적 평가가 결합된 '사정'의 경우 증거에 의하여 단도직입적으로 인정하는 설시방식은 피하는 것이 좋다. 먼저 증거에 의하여 간접사실을 인정할 수 있다는 취지의 판단을 설시한 후에 그로부터 법적 평가를 도출하는 것이 논리적이기 때문이다.

다만 사실을 인정할 때 증거에 따라 직접 인정되는 순수한 사실만 포함시키려 너무 고집할 필요는 없다. 인정사실과 법적 평가가 결합된 '사정'을 함께 기재하는 것이 이해에 도움이 된다면 그렇게 할 수 있다. 물론 그러한 '사정'의 인정 여부가 다툼의 대상이 된 경우에는 구분지어 판단하면서 사정의 인정근거를 보다 상세하게 기재함이 판결서의 설득력의 관점에서 더 좋다.

예컨대, 사해행위취소소송에서 피고의 선의를 인정하는 과정에서 매매대금이 시장가격과 비교하여 볼 때 저가라고 보이지 않는다는 점은 '판단'에 해당하지만 다음과

---

161) 앞에 있는 2장 1절 3. 다. 2) 마) 부분 기재례 참조

162) 다만 확립된 용례라고 보기는 어렵다. 판례는 '사정'이라는 표현을 사실관계까지 포함하는 넓은 의미로 사용하여, 「……다음과 같은 사정을 종합하면,」 이라고 기재한 다음 그 이하에서 '사실'과 '(협의의) 사정'을 함께 다루는 경우도 적지 않다.

같이 기재할 수 있다.

[기재례]

다음과 같은 사정에 비추어 보면, 피고는 甲의 채권자를 해치는 사해행위가 된다는 사정을 모르면서 이 사건 매매계약을 체결하였다고 인정되므로 피고에 대한 악의의 추정은 번복된다.

① …하였다.

② 피고가 甲로부터 이 사건 부동산을 6억 원에 매수하였고 당시 시장가격은 5억 8천만 원에서 6억 2천만 원에 거래되고 있었다. 이러한 점에 비추어 보면 이 사건 매매가격이 저가라고 보이지 않는다.

제2절 주 장

1. 주장 설시의 기능과 방법

가. 주장 설시의 기능

1) 판결서 이유의 문단구조는 기본적으로 [주장 ⇒ 판단 ⇒ 결론]의 구도를 취한다.

판결서의 이유에는 주문이 정당하다는 것을 인정할 수 있을 정도로 당사자의 주장, 그 밖의 공격·방어방법에 관한 판단을 표시하면 되므로(제208조 제2항), 당사자의 모든 주장이나 공격·방어방법을 기재하여 판단할 필요는 없다.[163] 사실관계에서부터 법리적인 부분까지 복잡하게 뒤섞인 당사자의 주장 중 어느 것을 어느 정도로 설시할 것인지는 주장 설시의 기능을 염두에 두고 판단하여야 한다.

2) 주장 설시의 기능은 다음과 같다.

가) 당사자가 요건사실에 대한 주장책임을 다하였는지를 표시한다.

청구원인 단계이든 항변 또는 그 아래 단계이든 당사자가 주장한 요증사실이 인정되지 않을 경우, 그에 관한 주장 내용을 모두 기재함으로써 주장책임은 다했으나 증명책임을 다하지 못하였음을 나타낸다.

나) 새로운 주장에 대한 판단을 시작하기 위한 도입부로 기능한다.

예를 들어 주위적 주장을 배척하고 예비적 주장을 인정하는 경우, 예비적 주장에 대한 판단을 시작하면서 그 주장 내용을 간단하게 설시하거나 쟁점별 판단의 각 목차나 서두에 간략하게 주장내용을 제시한다. 항변을 인용하는 경우, 항변에 대한 판단을

---

163) 당사자가 주장한 사항에 대한 구체적·직접적인 판단이 판결 이유에 표시되어 있지 않았더라도 판결 이유의 전반적인 취지에 비추어 그 주장을 인용하거나 배척하였음을 알 수 있는 정도라면 판단누락이라고 할 수 없고, 설령 실제로 판단을 하지 아니하였다고 하더라도 판결 결과에 영향이 없다면 판단누락의 위법이 있다고 할 수 없다(대법원 2002. 12. 26. 선고 2002다56116 판결, 2008. 7. 10. 선고 2006재다218 판결, 2017. 2. 9. 선고 2016두55247 판결, 2019. 10. 17. 선고 2018다300470 판결 등 참조).

시작할 때도 마찬가지로 설시한다.

다) 법원이 당사자의 입장을 잘 이해하고 있음을 나타낸다.

판결서의 답변기능을 고려하여 요건사실을 추인하게 하는 간접사실에 대한 당사자의 주장을 기재하거나 요건사실의 존재를 간접부인하는 상대방 주장도 상세하게 기재한다.

라) 기초사실과 쟁점판단에 설시할 내용에 대한 실무적인 구분점을 제시한다.

예를 들어 매매계약 해제의 귀책사유 귀속이 다투어지는 사건의 경우, 당사자들이 전제하고 있는 매매계약 체결사실 및 일방 당사자의 이행최고, 해제통지사실 등은 기초사실에 기재하고 귀책사유 판단에 필요한 직·간접사실은 주장 설시 이후 쟁점판단에서 설시한다.

3) 법관은 위와 같은 기능을 충족하는 데 필요한 한도에서 당사자 주장을 기재하되, 판결서는 간결성을 그 요체로 하므로 사실인정 부분과 불필요한 중복이 있는지 여부 등을 고려하여 설시 정도를 적절히 정하여야 한다.

나. 제1방식의 주장 설시

1) 특징

가) 제1방식에 의할 경우, 주장 설시의 특징은 다음과 같이 나타난다.

(1) 주장책임을 부담하는 당사자의 주장 내용만 기재한다.

요건사실이 인정된다면 상대방의 부인 주장은 당연히 배척되는 것이고, 요건사실을 증명하지 못한 경우에는 어차피 원고의 주장을 받아들이지 않으므로 굳이 피고의 주장까지 기재할 필요가 없기 때문이다. 그러나 이 경우 청구원인사실을 적극부인(간접부인)하는 피고에 대한 답변기능이 약화될 가능성이 있다.

(2) 주장 설시 여부는 당사자가 주장한 사실을 인정할지에 따라 결정된다.

주장사실을 인정한다면 어차피 그 내용을 인정사실로 설시하므로 주장까지 기재한다면 중복기재가 된다. 예비적 주장이나 항변을 인용하면서 전 단계 판단과의 구분을 위한 도입부로서 부득이 기재하여야 할 필요가 있는 경우에만 매우 간단히 기재하거나 소제목으로 대체한다. 다만, 이 경우 법원이 인정한 사실에 관하여 다툼이 있었다면 사실인정을 하게 된 과정을 설명하기에 부족하다는 단점이 있다.

(3) 요건사실 위주로 기재한다.

요증사실을 인정하지 않는 경우, 주장 기재는 주장책임을 다하였는지 여부를 밝히기 위한 것이므로 요건사실 위주로만 기재하게 되고 주장의 설득력을 높이기 위한 배경이나 경위와 같은 간접사실은 기재할 필요가 없다. 그러나 이러한 설시는 당사자들에게 법원이 주장을 깊이 있게 이해하지 못하고 있다는 인상을 주기 쉬운 단점이 있다.

나) 위와 같은 논리적 특징에 따라, 제1방식에 의한 주장 설시를 할 경우 상대적으로 앞에서 본 세 번째 기능(법원이 당사자의 입장을 잘 이해하고 있음을 나타내기 위한 기능)은 약화된다. 다만, 당사자가 항변 유사의 주장을 하는 경우에도 최대한 선해하여 주장을 기재하고 판단을 하고, 치열하게 공방이 오간 주장도 항변에 준하여 판단을 함으로써 당사자에 대한 답변기능을 일부 보완할 수 있다.

2) 실무상 활용

가) 제1방식의 주장 설시는 요건사실이 1~2개 정도로 단순한 경우, 당사자의 주장이나 소송물이 많더라도 그 주장이나 소송물 사이에 공통되는 전제사실이 없는 사건에 잘 맞다.[164] 전형적 형태의 대여금, 임대차, 건물인도 등 사건에서 당사자의 항변(변제항변, 동시이행항변 등)이 뚜렷하게 부각되어 있을 때 적절한 경우가 많다. 크게 『청구원인에 관한 판단』, 『피고의 항변에 관한 판단』 순으로 목차를 나누어 설시할 수 있다. 구체적인 설시 방법은 후술하는 '제1방식의 주장 설시'의 기재례를 참고한다.

나) 제1방식에 따라 판결이유를 작성할 때, 제2방식과 같이 당사자의 주장(쟁점)을 정리하기 위한 도입부를 두게 되면 뒤에서 설시할 인정사실 또는 판단과 중복되어 중

---

164) 오경미, "민사판결서 체제와 문장의 현황과 개선방안", 청연논총 제8집, 사법연수원 (2011), 162쪽; 새로 쓰는 민사판결서, 69쪽

언부언한다는 인상을 주기 때문에 부자연스러울 때가 많다.[165] 따라서 판결서 작성에 앞서 어떠한 작성방식에 따라 판결서를 작성할지 미리 구상하여 보는 것이 중요하다.

다. 제2방식의 주장 설시

1) 특징

가) 제2방식에 의할 경우, 주장 설시의 특징은 다음과 같이 나타난다.

(1) 부인과 항변을 엄격하게 구별하지 아니한다.

부인과 항변이 논리적 단계에서는 차이가 있지만 원고가 주장하는 법률효과의 발생을 저지시키기 위한 수단인 것은 마찬가지이므로 주장 설시 또는 쟁점 부각 단계에서 엄격하게 구별하지 않고 설시한다. 다만, 이 경우 증명책임의 혼동을 야기할 위험성이 존재하므로 이를 주의해야 한다.

(2) 사건의 쟁점을 확정하고 부각한다.

청구원인이나 항변 등의 요건사실 중 다툼이 있는 부분이 어디인지 확정하고 그 쟁점을 둘러싼 양쪽 당사자의 주장을 판결서에 제시하여 대비시키게 된다. 이를 위하여 당사자의 주장을 별도의 항목으로 구분하는 것이므로, 쟁점의 정확한 선정과 주장 내용의 파악이 필요하다.

(3) 주장의 실질적인 근거를 제시한다.

제2방식에 있어서 주장 설시 부분은 양쪽 당사자 중 누가 더 설득력 있는 주장을 하고 있는지 판단하기 위한 문제제기 단계로서 요건사실뿐 아니라 배경이나 경위 등 주장의 실질적인 근거까지 기재하게 되는 경우가 많다. 다만, 이 경우 사실인정 설시와 중복되기 쉽다.

나) 위와 같은 논리적 특징에 따라, 제2방식에 의한 주장 설시를 할 경우 판결서의 답변기능이 강화되고 핵심쟁점에 관한 논증의 집중력을 높일 수 있다. 그러나 제1방식

---

165) 새로 쓰는 민사판결서, 103쪽

에 비해 사실인정 설시와 중복되기 쉬우므로 당사자의 주장 내용을 적절히 요약하는 것이 필요하다.

2) 실무상 활용166)

제2방식의 주장 설시 방식은 판결서의 이유 구성 방식에 따라 다음과 같이 두 가지로 나누어 생각해 볼 수 있다. 구체적인 설시 방법은 후술하는 '제2방식의 주장 설시'의 기재례를 참고한다.

가) 통합형 쟁점 제시 방식

[이유의 구조]
기초사실 → 이 사건의 쟁점(또는 당사자의 주장) → 쟁점에 관한 판단(인정사실/판단)

통합형 쟁점 제시 방식은 사안의 핵심 쟁점을 추출하여 별도 항목으로 통합하여 제시한 다음 이어서 쟁점에 관한 판단을 기재하는 방식으로, 위 방식에서 당사자의 주장은 '이 사건의 쟁점' 또는 '당사자의 주장' 부분에서 설시한다. 주로 정리된 쟁점이 단일하거나 단일하지는 않더라도 내적·논리적 관련성이 있어 쟁점의 통합 제시가 가능한 경우(예를 들어 청구원인, 항변 등을 구성하는 요건사실 중 대부분은 당사자 사이에 다툼이 없거나 증거가 명백하여 문제되지 않는데 한두 가지 요건사실에 대해서만 당사자 사이에 치열한 공방이 이루어지는 경우)나 여러 쟁점을 일시에 개관할 필요가 있는 경우에 사용한다.

나) 병렬형 쟁점 제시 방식

[이유의 구조]
기초사실 → 쟁점1에 관한 주장/판단 → 쟁점2에 관한 주장/판단

병렬적 쟁점 제시 방식은 사안의 쟁점을 추출하여 그에 따라 판단하되 그 추출한

166) 새로 쓰는 민사판결서, 88~91, 103쪽

쟁점을 통합적으로 정리하지 않고, 쟁점별로 별도의 항목을 구분하여 각 항목마다 당사자의 주장을 기재하고 판단하는 방법이다.

주로 쟁점이 여러 개 있고 각각의 독립성이 커서 통합형 쟁점 제시가 비효율적인 경우, 즉 한꺼번에 모아쓰다 보면 어느 쟁점에서는 당사자의 주장을 충분히 기재하지 못하여 해당 쟁점 판단에서 당사자의 주장을 보충 기재해야 할 상황이 많아지는 사건에서 활용한다. 병렬형 쟁점 제시 방식에 따라 주장을 설시할 경우, 여러 쟁점 중 각 쟁점에 포함될 주장들을 구분하고 각 주장의 경중을 따져 체계적인 판단순서를 정하는 작업이 선행되어야 한다.

라. 주장 설시의 여러 쟁점

1) 주장의 윤색 여부

주로 당사자의 주장이 법리적으로 미흡하거나 비논리적인 경우 법률적으로 재구성하거나 적절히 말이 되는 것처럼 윤색하여 표현할 것인지 아니면 따옴표를 이용하여 그대로 인용할지에 관한 문제이다.

실무에서는 보는 시각에 따라 설득력이 있을 수도 있는 주장에 관하여는 “당사자의 주장을 ……로 이해하여 보더라도 받아들이기 어렵다”는 취지를 표시하기 위하여 주장을 논리적으로 또는 법률적 주장으로 윤색하여 기재하기도 한다. 이 경우 변론주의에 어긋나게 당사자의 주장을 왜곡하지 않도록 주의하여야 한다. 한편, 법리적인 논점에서 완전히 벗어나 논리적 구성이 불가능한 주장인 경우에는 진지하게 판단할 필요가 없으므로 주장을 그대로 인용한 후 간단하게 배척하는 방법을 활용하기도 한다.

2) 주장 설시의 객관적 범위

가) 먼저, 당사자의 주장 중 요건사실만 기재할 것인지 이를 뒷받침하는 간접사실도 함께 기재할 것인지에 관한 문제이다.

예를 들어 원고가 피고에게 금전을 대여하였다고 주장하나 금전이 건너간 증거만 있을 뿐 차용증 기타 소비대차에 관한 직접증거는 없어 대여금이라고 인정할 만한 간접사실을 주장하는 경우, 「대여하였다고 주장한다.」라고만 기재할 것인지, 「(돈이 필요한 구체적인 간접사실) 상황이었으므로 대여한 것이라고 주장한다.」라고 기재할 것인지 여부이다.

당사자 입장에서 직접증거가 없어 간접사실을 주장하였는데도 배척하는 상황이라면 막연히 「대여하였다고 주장하나 인정할 증거가 없다.」라고만 할 것이 아니라, 간접사실 주장을 포함하여 상세히 기재하고 해당 간접사실의 존부 또는 주요사실 추인 여부에 대하여 적극적으로 판단함으로써 논증을 강화할 수 있다.

나) 다음으로, 당사자의 주장 전부를 기재할 것인지 축약하여 기재할 것인지[167]에 관한 문제이다.

(1) 실무적으로 주장 전부를 기재하는 경우는 ① 그 주장을 전부 배척할 경우, ② 비논리적인 주장에 대해 법관이 법리적으로 재구성해 정리하는 것보다는 가급적 당사자의 표현 그대로를 인용하는 것이 좋을 경우이다. 후자의 경우 패소한 당사자가 자신의 주장 내용이 상대방 승소 당사자에게 유리하게 각색된 것으로 오해하거나 법관이 자신의 주장을 잘못 이해한 것으로 받아들여 판결에 불복하는 경우도 있기 때문에 주장을 따옴표로 묶거나 청구원인을 복사하는 방식으로 그대로 인용하는 것이 좋다.

(2) 한편, 당사자의 주장은 법률조문 또는 법률용어로 표시하거나 요지만을 기재할 수 있는데[168] 이를 활용하여 당사자의 주장을 제목 등으로 대체하는 경우는 ① 쟁점이 여러 개 있고 각각의 독립성이 큰 경우(주로 병렬형 쟁점 제시 방식), ② 동일한 내용이 반복적으로 기재되는 것을 피할 필요가 있는 경우이다. 전형적이거나 쟁점이 뚜렷한 사건, 판단 내용에서 주장 취지를 쉽게 알 수 있는 경우에는 당사자의 주장을 생략하기도 한다. 이와 같은 축약 기재의 예시는 다음과 같다.

[기재례]

① 제목으로 대체 예시

1. 이 사건 돈이 대여금이라는 원고의 주장에 관한 판단

---

167) 새로 쓰는 민사판결서, 124쪽

168) 당사자의 주장은 법률조문 또는 법률용어로 표시하거나 요지만을 기재할 수 있다(「판결서 작성방식에 관한 권장사항」 제7조).

……(증거)에 의하면, …… 사실을 인정할 수 있으므로, 원고는 피고에게 이사건 돈을 대여하였다고 보는 것이 타당하다.

② 법률조문·용어·주장요지로 대체 예시

원고의 상법 제401조에 기한 주장에 관하여 (살펴)본다. ……

원고의 전보배상책임 주장에 관하여 (살펴)본다. ……

원고는, 원고의 피상속인이 구 토지조사령에 의해 이 사건 부동산을 사정받았으므로 피고 명의의 소유권보존등기는 원인무효의 등기라고 주장한다.

③ 주장 내용 기재 생략 예시

1. 기초사실

(전부금 청구사건임)

2. 이 사건의 쟁점 및 판단

가. 쟁점

이 사건 전부명령이 피고에게 송달되기 전 이 사건 전부명령의 피전부채권에 해당하는 ○○건설의 피고에 대한 예금채권이 상계로 소멸되었는지 여부이다.

나. 판단

3) 주장 설시의 주관적 범위

당사자의 주장 중 주장책임자의 주장만 기재할 것인지 상대방 당사자의 주장도 기재할 것인지에 관한 문제이다. 예를 들어 원고는 대여금이라고 주장하고 피고는 투자금이라고 부인하며 다투는 경우, 「원고는 대여하였다고 주장한다.」라고만 기재할 것인지, 「이에 대하여 피고는 위 돈을 받기는 하였으나 투자금일 뿐 차용한 것이 아니라고 다툰다.」라는 부분도 함께 설시할 것인지 여부이다.

상대방 당사자가 단순부인을 하는 경우 그 주장을 기재할 필요는 없으나, 간접부인을 하는 경우라면 주장을 대비시킴으로써 피고의 주장도 주의 깊게 살폈다는 표시를 할 수 있고 관련된 쟁점이나 판단대상이 분명하게 부각되는 장점이 있다. 위 사례에서 투자금이 맞는지 여부가 대여금인지 여부를 판단하기 위한 여러 간접정황 중 하나로서 언급될 것이라면 피고의 주장을 미리 기재하는 것이 바람직하다.

2. 제1방식의 주장 설시 및 판단 방법[169)]

가. 소송요건 단계에서의 주장 설시 및 판단 방법

1) 본안전항변을 받아들이는 경우

가) 피고의 본안전항변을 받아들이는 경우 그것이 소 전체를 각하해야 하는 사유라면 별도의 제목을 붙일 필요가 없고, 이유 첫머리에 「피고의 본안전항변에 관하여 본다.」라고 기재하여 본안전항변에 대한 판단임을 표시하는 간략한 문장을 앞세우는 것으로 족하다.[170)]

다만, 피고의 본안전항변이 소의 일부만을 각하해야 하는 사유라면 그 각하판단 부분과 나머지 본안판단 부분을 구별하기 위하여 제목을 붙이는 경우가 많다.

[기재례][171)]

> 1. 본안전항변에 대한 판단..
> 2. 본안에 대한 판단..

169) 제1방식의 경우 판단의 결과에 따라 주장의 설시 여부와 설시 방법이 달라지기 때문에 이 부분에서 주장 설시 및 판단 방법을 함께 다룰 수밖에 없다.

170) 직권조사 결과 소송요건의 흠이 드러나 소 전체를 각하하여야 하는 경우도 별도의 제목을 붙일 필요 없이 이유 첫머리에 「직권으로 이 사건 소의 적법 여부에 관하여 본다.」, 「직권으로 원고 종중 대표자의 대표권 유무에 관하여 본다.」와 같이 소송요건 유무에 관한 판단임을 표시하는 간략한 문장을 앞세우는 것으로 족하다.

171) 피고 甲에 대한 소는 부적법한 반면 피고 乙에 대한 청구는 본안판단까지 나아가는 경우, 원고의 확인청구 부분은 부적법한 반면 원고의 이행청구는 본안판단까지 나아가는 경우 등에는 다음과 같은 제목을 붙여도 무방할 것이다. 즉, 사건에 따라 가장 적절하게 구분할 수 있는 제목을 사용한다.
「1. 피고 甲에 대한 소의 적법 여부에 관한 판단
 2. 피고 乙에 대한 청구에 관한 판단」
 또는
「1. 소유권확인청구 부분의 소의 적법 여부에 관한 판단
 2. 인도청구에 관한 판단」

나) 피고의 본안전항변을 받아들인다면, 그 본안전항변 내용을 적시할 필요 없이 바로 판단내용을 기재하면 충분하다. 이는 중복 기재를 피하기 위해서이다.

다만, 피고의 본안전항변에 대한 판단내용이 원고의 청구 내용과 관련이 있는 경우에는 원고의 청구 내용을 먼저 간략히 언급한 후 본안전항변에 대한 판단내용을 기재하는 것이 자연스럽다.

[기재례]

1. 피고 乙의 본안전항변에 대한 판단

원고는 이 사건 부동산에 관한 피고 甲 명의의 소유권이전등기는 피고 乙이 등기관계서류를 위조하여 마친 것으로 무효라고 주장하며 피고 乙을 상대로 말소등기절차 이행을 구하고 있다. 그러나 말소등기절차의 이행을 구하는 소는 등기명의인을 상대로 제기해야 하고, 등기명의인이 아닌 사람은 피고적격이 없다. 피고 乙이 등기명의인이 아님은 원고의 주장 자체로 명백하므로, 결국 원고의 피고 乙에 대한 소는 당사자적격이 없는 사람을 상대로 제기하여 부적법하다.[172]

2) 본안전항변을 배척하는 경우

가) 피고의 본안전항변을 배척하는 경우에는 피고의 본안전항변의 내용을 먼저 적시한 후 이를 배척하는 판단내용을 설시해야 한다. 본안전항변이 그 자체로 이유 없다고 하더라도(즉, 본안전항변으로 다툴 사항이 아니라 하더라도)[173] 피고가 주장하는 이론에 맞도록 정리하여 기재해 주어야 한다.

다만, 피고의 본안전항변이 철회되었을 때에는 그에 대한 판단을 기재할 필요가 없다.

나) 피고의 본안전항변의 내용을 적시할 때, 그 항변이 원고의 청구와 직접 관계가 없는 일반적 사항(대표권·대리권의 결여, 당사자능력의 결여 등)에 관한 것일 경우에는 본안전항변의 내용만 기재하면 충분하다.

---

172) 소각하 결론은 전체의 결론 부분에서 설시하는 경우가 많다.

173) 예컨대, 원고가 피고를 상대로 대여금의 지급을 구하는 사건에서 피고가 「원고로부터 돈을 빌린 사람은 자신이 아니라 甲이므로, 자신을 상대로 제기한 이 사건 소는 피고적격이 없는 자를 피고로 삼은 소로서 부적법하다.」고 주장하는 경우에도 피고의 본안전항변에 대해 판단해야 한다.

반면, 피고의 본안전항변이 원고의 청구와 관련이 있는 경우(소의 이익, 당사자적격 등)에는 원고의 청구가 어떠한 내용인지 기재하지 않으면 본안전항변의 취지를 쉽게 이해하기 어려울 수도 있으므로, 이러한 경우에는 원고의 청구 내용을 필요 최소한의 범위에서 간략히 언급하면서 본안전항변의 내용을 적시하여야 한다.

[기재례]

피고는, 자신이 이 사건 건물을 점유하고 있지 않으므로 자신을 상대로 이 사건 건물의 인도를 구하는 이 사건 소는 피고적격이 없는 사람을 상대로 하여 부적법하다고 항변한다. 그러나 이행의 소는 원고가 이행의무자로 지목한 사람이 피고적격을 가진다. 따라서 피고의 본안전항변은 이유 없다.

나. 청구원인 단계에서의 주장 설시 및 판단 방법

1) 주장을 전부 받아들이는 경우

가) 청구원인에 관한 원고의 주장을 그대로 받아들이는 경우에는 그 주장을 따로 적시하지 않고 바로 사실인정 및 법률판단으로 들어간다. 사실인정 및 법률판단에서 그 주장과 같은 내용을 기재하게 되므로 동일한 내용을 중복해서 기재하는 것을 피하기 위해서이다.

[기재례]

……(증거)에 변론 전체의 취지를 종합하면, 甲은 2023. 10. 8. 피고로부터 이 사건 토지를 80,000,000원에 매수한 사실, 원고는 2024. 4. 1. 甲으로부터 이 사건 토지를 85,000,000원에 매수한 사실이 인정된다.[174]
따라서 甲은 원고에게 이 사건 토지에 관하여 2024. 4. 1. 매매를 원인으로 한 소유권이전등기절차를 이행할 의무가 있고, 원고가 甲에 대한 소유권이전등기청구권을 보전하기 위하여 甲을 대위하여 청구하는 이 사건에서, 특별한 사정이 없는 한 피고는 甲에게 이

174) 채권자대위소송에서 피보전채권(원고의 甲에 대한 채권)의 발생에 관한 사실을 요건사실로 볼 것인지에 관하여는 견해가 나뉘지만, 실무에서는 사실관계 파악을 쉽게 하고 자연스러운 설시를 위하여 피보전채권의 발생에 관한 사실을 청구원인 사실의 인정단계에서 경위사실처럼 기재하고 있다.

사건 토지에 관하여 2023. 10. 8. 매매를 원인으로 한 소유권이전등기절차를 이행할 의무가 있다.

나) 다만, 청구원인에 관한 주위적 주장을 배척한 후 예비적 주장을 받아들이는 경우에는 그와 같은 주장이 있었기 때문에 그에 대한 판단을 한다는 것을 나타내기 위해 앞부분에 간단히 예비적 주장 내용을 적시한다.[175)]

[기재례]

먼저 원고는 甲이 2024. 8. 10. 피고로부터 대리권을 수여받고 ……하였다고 주장하나, 이를 인정할 증거가 없으므로 위 주장은 이유 없다.
다음으로, 원고는 피고가 甲에게 대리권을 수여하였다는 뜻을 표시한 바 있어 피고에게 민법 제125조 표현대리에 의한 책임이 있다고 주장하므로 살피건대, ……

다) 또한, 원고가 실제로 인용될 수 있는 것보다 적게 청구한 때에는 처분권주의의 원칙상 그 청구 범위를 초과하여 인용할 수는 없는데, 이 경우 아무런 설명 없이 인정사실에 의한 법률효과보다 적은 부분만을 인용하게 되면 인정사실과 판단 사이에 모순이 생기게 되므로, 반드시 적당한 곳에서 원고가 인용될 수 있는 것보다 적게 청구하였음을 나타내 주어야 한다.

[기재례]

……(증거)에 의하면 원고가 2024. 2. 1. 피고에게 50,000,000원을 이자 월 1%, 변제기 2024. 6. 30.로 정하여 대여한 사실을 인정할 수 있다.
그렇다면, 피고는 원고에게 위 차용금 50,000,000원 및 이에 대하여 위 차용일 이후로서 원고가 구하는 2024. 3. 1.부터 변제기인 2024. 6. 30.까지는 약정이자로서, 그다음 날부터 다 갚는 날까지는 약정이율에 따른 지연손해금으로서 각 월 1%의 비율로 계산한 돈을 지급할 의무가 있다.[176)]

---

175) 제목을 붙임으로써 대체할 수도 있다.

176) "이에 대한 위 차용일 이후로서 원고가 구하는 2022. 3. 1.부터 다 갚는 날까지 약정이율인 연 1%의 비율로 계산한 이자 또는 지연손해금을 지급할 의무가 있다."로 기재할 수도 있다.

2) 주장을 전부 배척하는 경우

가) 청구원인의 요건사실 전부가 인정되지 않을 때

(1) 주장 자체에는 요건사실이 모두 포함되어 있으나,[177] 상대방이 자백하지 아니하고 증거도 없어 요건사실이 '전혀' 인정되지 않는 경우(예컨대, 대여를 주장하였으나 대여가 인정되지 않는 경우 등)에는 청구원인에 따른 요건사실을 모두 적시한 후 이를 인정할 수 있는 증거가 없거나 부족하다는 취지로 판단한다.

[기재례]

> 원고는 2023. 4. 1. 피고에게 20,000,000원을 이자 월 1%, 변제기 2023. 12. 31.로 정하여 대여하였다고 주장한다. 그러나 이에 부합하는 듯한 ……(증거)는 믿기 어렵고, ……(증거)만으로는 이를 인정하기에 부족하며, 달리 이를 인정할 만한 증거가 없다. 따라서 원고의 청구는 이유 없다.

(2) 요건사실이 전단계사실과 후단계사실의 단계적 구조로 되어 있는데, 전단계 요건사실조차 인정되지 않는 경우(예컨대, 대여금 채권의 양수를 주장하였으나, 대여금 채권 자체가 인정되지 않는 경우 등)에는 청구원인에 따른 요건사실을 모두 적시하되, 후단계 요건사실은 간략히만 언급한다. 후단계사실은 원칙적으로 판단할 필요가 없기 때문이다.

[기재례]

> 원고는, 甲이 2023. 4. 1. 피고에게 20,000,000원을 이자 월 1%, 변제기 2023. 12. 31.로 정하여 대여하였는데 원고가 甲으로부터 위 대여금 채권을 양수하였다고 주장한다. 그러나 甲이 피고에게 대여하였다는 주장사실에 부합하는 듯한 ……(증거)는 믿기 어렵고, ……(증거)만으로는 이를 인정하기에 부족하며, 달리 이를 인정할 만한 증거가 없다. 따라서 원고의 청구는 더 나아가 살필 필요 없이 이유 없다.

---

177) 반면 주장 자체에 요건사실조차 전부 또는 일부가 누락되어 있다면, 그 주장 자체에 의하더라도 법률효과가 발생하지 아니한다는 이유로 배척하게 될 것이다[뒤에 있는 다)항의 '청구원인에 관한 주장사실만으로는 법률효과가 발생하지 않을 때' 부분 참조].

나) 청구원인의 요건사실 중 일부가 인정되지 않을 때

(1) 주장 자체에는 요건사실이 모두 포함되어 있으나, 요건사실 중 '일부'가 인정되지 않는 경우에는 2가지 설시 방법이 있다.

(가) 첫째는, 요건사실 중 인정되는 요건사실을 설시한 다음 인정되지 않는 요건사실에 대해 판단하는 방식이다. 이때에는 ① 인정되는 요건사실을 설시한 후 ② 인정되지 않는 요건사실에 대한 원고의 주장 및 그에 대한 판단을 설시하게 된다.[178]

[기재례]

> ……(증거)에 변론 전체의 취지를 종합하면, 甲이 2023. 4. 1. 피고에게 20,000,000원을 이자 월 1%, 변제기 2023. 12. 31.로 정하여 대여한 사실이 인정된다. 원고는, 甲이 2023. 4. 5. 원고에게 위 대여금 채권을 양도하고 같은 날 피고에게 그 양도사실을 통지하였으며 그 무렵 그 통지가 피고에게 도달하였다고 주장하나, ……(증거)만으로는 이를 인정하기에 부족하고, 달리 이를 인정할 만한 증거가 없다. 따라서 원고의 청구는 이유 없다.

(나) 둘째는, 인정되는 요건사실에 대한 판단을 별도로 하지 않은 채 바로 인정되지 않는 요건사실에 대해서만 판단하는 방식이다. 이때에는 ① 모든 요건사실에 대한 원고의 주장을 전부 설시한 후 ② 인정되지 않는 요건사실에 대한 판단을 설시하게 된다.

[기재례]

> 원고는, 甲이 2023. 4. 1. 피고에게 20,000,000원을 이자 월 1%, 변제기 2023. 12. 31.로 정하여 대여하였는데, 2023. 4. 5. 원고에게 위 대여금 채권을 양도하고 같은 날 피고에게 그 양도사실을 통지하였으며 그 무렵 그 통지가 피고에게 도달하였다고 주장하면서 피고에 대하여 그 지급을 청구한다. 그러나 ……(증거)만으로는 甲이 원고에게 위 대여금

---

178) 첫째 방법은 원고의 주장사실 중 법원이 인정한 부분을 명시하여 줌으로써 당사자에 대한 설득력이 높아질 뿐만 아니라, 쟁점이 뚜렷이 부각되어 읽는 사람으로 하여금 소송의 상황을 쉽게 알 수 있게 해 준다는 점, 인정되는 사실과 인정되지 않는 사실을 명확히 구분하여 줌으로써 상소를 줄일 수 있다는 장점이 있다. 반면, 어차피 청구를 기각하는 바에야 인정되는 사실이 어떤 것인지 가리기 위하여 증거판단을 하는 것은 불필요할 뿐만 아니라, 만약 사실을 잘못 인정하게 되면 동일한 결론에 이르면서도 당사자로부터 불신을 얻게 된다는 점, 판결이 장황하게 될 위험이 있다는 점 등의 단점이 있다.
둘째 방법의 장단점은 첫째 방법과 정반대이다.

채권을 양도한 사실을 인정하기에 부족하고, 달리 이를 인정할 만한 증거가 없다. 따라서 원고의 청구는 이유 없다.[179)]

(2) 실무에서는 사건 유형에 따라 2가지 설시 방법 중 하나를 선택한다. 요건사실 중 어떠한 전제사실이 쉽게 인정되거나, 요건사실 중 어떠한 전제사실이 인정된다는 점을 기초로 여러 가지 주장이 제출되는 경우[180)]에는 첫째 방법이 많이 사용되고 있는 것으로 보인다.

다) 청구원인에 관한 주장사실만으로는 법률효과가 발생하지 않을 때

(1) 주장 자체에 요건사실 중 일부가 '누락'되어 법률효과가 발생하지 않을 때에는 원칙적으로 사실판단을 할 필요 없이 법률판단만으로 주장을 배척한다(주장사실 중 일부가 인정된다고 하더라도, 굳이 인정되는 주장사실에 대해 사실판단을 할 필요가 없다).[181)] 이때에는 주장을 적시하면서 주장 자체에 흠이 있음이 명백하게 나타나도록 해야 한다.

[기재례]

원고는, 2024. 5. 2. 피고의 아버지인 甲으로부터 이 사건 부동산을 매수하였으므로, 피고는 원고에게 이 사건 부동산에 관하여 위 매매를 원인으로 한 소유권이전등기절차를 이행할 의무가 있다고 주장한다. 그러나 아버지인 甲이 한 법률행위의 효력이 아들인 피고에게 당연히 미친다고 할 수 없으므로, 원고의 청구는 그 주장 자체로 이유 없다.[182)]

---

179) '따라서 원고의 청구는 더 나아가 살필 필요 없이 이유 없다'라고 기재하기도 한다.

180) 예컨대, 위 기재례 사안에서 피고가 차용사실을 자백하면서 甲에 대하여는 차용금을 변제할 의무가 있지만, 채권양도가 부적법하므로 이중지급의 위험이 있어 원고에게는 차용금을 변제할 수는 없다고 다투는 경우

181) 다만, 예외적으로 사실관계를 명확하게 하기 위해 주장사실 중 인정되는 부분을 따로 설시하는 경우도 간혹 있다.

182) 원고가 법원의 석명에도 불구하고 '피고의 아버지가 한 법률행위는 당연히 피고에게도 효력이 미친다'고만 주장하는 경우를 상정한다.

(2) 원고의 주장사실만으로는 법률효과가 발생하지 않지만, 여기에 다른 요건사실을 덧붙이면 법률효과가 발생하는 경우에는 단순히 「그 주장 자체로 이유 없다.」고 설시하는 것보다는 「…(누락된 요건사실)에 대한 주장·증명이 없는 이상」이라는 문구를 삽입하여 설시하는 것이 바람직하다.

[기재례]

원고는, 이 사건 매매계약 당시 피고의 대리인임을 자칭하는 甲이 피고 명의의 인감증명서까지 소지하고 있었기 때문에 원고로서는 甲에게 피고를 대리할 권한이 있다고 믿었고 그와 같이 믿을 만한 정당한 이유도 있었으므로, 피고는 민법 제126조의 표현대리 법리에 따라 甲의 행위에 대하여 책임이 있다고 주장한다. 그러나 甲에게 피고를 대리할 기본대리권이 있었다는 점에 대한 주장·증명이 없는 이상, 위 주장사실만으로는 민법 제126조의 표현대리의 법률효과가 생긴다고 할 수 없으므로, 원고의 청구는 이유 없다.

3) 청구원인의 일부만 받아들이고, 나머지를 배척하는 경우

주장 중 일부만 받아들이고, 나머지를 배척하는 경우에는 2가지 설시 방법이 있다.

가) 첫째는, 인용 부분의 요건사실을 설시한 다음, 배척 부분의 요건사실에 대해 판단하는 방식이다. 이때에는 ① 인용 부분의 요건사실을 설시한 후 ② 배척 부분의 요건사실에 대한 원고의 주장 및 그에 대한 판단을 설시하게 된다.

[기재례]

……(증거)에 변론 전체의 취지를 종합하면, 원고가 2023. 10. 10. 피고에게 20,000,000원을 변제기 2023. 12. 9.로 정하여 대여한 사실이 인정된다.

원고는, 같은 날 피고에게 위 20,000,000원을 초과하는 50,000,000원을 대여하였다고 주장한다. 그러나 그 대여금 액수가 20,000,000원을 초과한다는 점에 부합하는 듯한 ……(증거)는 믿기 어렵고, ……(증거)만으로는 이를 인정하기에 부족하며, 달리 이를 인정할 만한 증거가 없다.

따라서 피고는 원고에게 위 차용금 20,000,000원 및 이에 대한 위 변제기 다음 날인 2023. 12. 10.부터 다 갚는 날까지 민법이 정한 연 5%의 비율로 계산한 지연손해금을 지급할 의무가 있다(원고는 위 대여일 이후 변제기까지의 이자 지급도 구하나, 위 대여 당시 이자 약정이 있었음을 인정할 증거가 없으므로, 원고의 이 부분 청구는 이유 없다).[183]

나) 둘째는, 원고의 주장을 모두 설시한 다음, 인용 부분과 배척 부분을 나누어 판단하는 방식이다. 이때에는 ① 모든 요건사실에 대한 원고의 주장을 설시한 후 ② 인용 부분에 대한 요건사실을 판단하고, 배척 부분에 대한 요건사실을 판단하게 된다.[184)]

[기재례]

> 원고는, 2023. 10. 10. 피고에게 50,000,000원을 이자 월 1%, 변제기 2023. 12. 9.로 정하여 대여하였다고 주장한다. 살피건대, ……(증거)에 변론 전체의 취지를 종합하면, 원고가 2023. 10. 10. 피고에게 20,000,000원을 변제기 2023. 12. 9.로 정하여 대여한 사실이 인정되나, 그 대여금 액수가 20,000,000원을 초과한다는 점에 부합하는 듯한 ……(증거)는 믿기 어렵고, ……(증거)만으로는 이를 인정하기에 부족하며, 달리 이를 인정할 만한 증거가 없다. 따라서 피고는 원고에게 위 차용금 20,000,000원 및 이에 대한 ……

다. 항변 단계에서의 주장 설시 및 판단 방법

1) 항변을 전부 받아들이는 경우

가) 항변을 받아들이는 판단을 할 경우에는 바로 사실인정으로 들어가는 것이 아니라 어떠한 내용의 항변이 있었기 때문에 어떠한 판단을 한다는 것을 나타내기 위하여 앞부분에 간단히 항변 내용을 적시하는 것이 보통이다. 다만, 판단 단계에서 상세하게 설시하게 되므로, 항변 내용은 아주 간략히만 적시하면 충분하다.[185)]

[기재례]

> ① 피고는 위 차용금을 변제하였다고 항변한다. 살피건대, ……(증거)에 변론 전체의 취

183) 원고와 피고가 대여금 액수에 관하여 치열하게 다투는 사안으로, 피고는 차용사실을 전부 부인하나 실제로는 그 '액수'에만 관심이 있고, 원고도 원금에만 관심이 있지 이자청구에 대하여는 구체적 주장이나 증명을 하지 아니하고 있는 경우이다(만약 이자 약정에 관하여도 치열하게 다투어지고 있다면 괄호 안 부분도 별도로 설시하는 편이 더 설득력이 있을 것이다).

184) 특히 원고의 청구가 가분적 청구가 아닌 경우에는 이 방법에 의하여 판단한다.

185) 항변 내용을 자세히 적시한 다음 정작 사실인정과 판단은 「……(증거)에 의하여 위 항변사실을 모두 인정할 수 있으므로 피고의 위 항변은 이유 있다.」로 간단히 설시하는 방식은 피해야 한다. 주종(主從)을 거꾸로 설시하는 셈이기 때문이다.

지를 종합하면, 피고가 2024. 4. 5. 위 차용금 20,000,000원 및 당시까지의 약정이자 2,000,000원(= 20,000,000원 × 0.02 × 5개월)을 변제한 사실이 인정된다. 따라서 피고의 항변은 이유 있다.[186)]

② 피고는 원고로부터 임대차보증금을 반환받을 때까지는 원고의 청구에 응할 수 없다고 동시이행항변을 한다. 살피건대, ……(증거)에 변론 전체의 취지를 종합하면, ……(사실)을 인정할 수 있으므로, 원고는 피고에게 위 임대차보증금 10,000,000원을 반환할 의무가 있고, 피고의 위 인도의무는 원고의 위 보증금반환의무와 동시이행 관계에 있다.[187)] 따라서 피고의 항변은 이유 있다.

나) 청구원인과 항변은 논리적 단계를 달리할 뿐만 아니라 요건사실도 서로 다르므로, 「원고는 ……(청구원인)이라고 주장함에 대하여, 피고는 ……(항변)이라고 항변하므로 살피건대」라는 식으로 청구원인과 항변을 한꺼번에 설시하는 방식은 피하고,[188)] 양자의 판단을 반드시 문장으로 구분하여 표시하여야 한다.

2) 항변을 전부 배척하는 경우

가) 피고의 항변을 전부 배척하는 경우에도 항변 내용을 적시하는 것은 동일하다. 다만, 항변을 받아들이는 경우와 달리 항변 내용을 비교적 상세하게 적시한다. 이는 중복 기재가 문제되지 않기 때문이다.

나) 청구원인 단계에서 원고의 주장을 배척하는 방법을 응용하면 된다.

(1) 항변의 요건사실 전부가 인정되지 않을 때

항변 내용을 적시한 후 이를 인정할 수 있는 증거가 부족하다는 취지로 판단한다.

[기재례]

피고는 2024. 3. 1. 원고에게 위 차용금을 현금으로 전액 변제하였다고 항변한다. 그러나 이에 부합하는 듯한 ……(증거)는 믿기 어렵고, ……(증거)만으로는 이를 인정하기에 부족하며, 달리 이를 인정할 만한 증거가 없다. 따라서 피고의 항변은 이유 없다.

---

186) 전부 변제 항변이든, 일부 변제 항변이든 피고의 변제 항변이 모두 받아들여지는 경우에는 채무소멸이라는 법률효과를 따로 기재하지 않아도 무방하다.

187) 이처럼 의무가 동시이행 관계에 있다고 설시해야 한다(즉, 인도청구권이나 보증금반환청구권 등 권리가 동시이행 관계에 있다고 설시하여서는 아니 된다).

188) 반면, 제2방식(특히, 통합형)에서는 '당사자의 주장' 항목에서 원고의 주장과 피고의 주장을 논리적 단계의 구분 없이 대비시키는 방식을 활용한다.

(2) 항변의 요건사실 중 일부가 인정되지 않을 때

이때에는 2가지 설시 방법이 있다.

(가) 첫째는, 피고의 항변 내용을 모두 적시한 후 ① 인정되는 요건사실을 설시한 다음 ② 인정되지 않는 요건사실을 설시하는 방식이다.[189]

[기재례]

피고는 원고의 대리인인 甲으로부터 위 건물을 임차하였으므로 이를 점유할 권원이 있다고 항변한다. 살피건대, ……(증거)에 변론 전체의 취지를 종합하면, 원고의 사촌동생인 甲이 2024. 5. 20. 원고의 대리인임을 자칭하여 피고에게 ……(계약내용)으로 정하여 위 건물을 임대하는 계약을 체결한 사실은 인정된다. 그러나 나아가 당시 甲에게 원고를 대리할 권한이 있었다는 점에 부합하는 듯한 ……(증거)는 믿기 어렵고, ……(증거)만으로는 이를 인정하기에 부족하며, 달리 이를 인정할 만한 증거가 없다. 따라서 피고의 항변은 이유 없다.

(나) 둘째는, 피고의 항변 내용을 모두 적시한 후 ① 인정되는 요건사실에 대한 판단을 별도로 하지 않고, ② 인정되지 않는 요건사실에 대해서만 판단하는 방식이다.

[기재례]

피고는 원고의 대리인인 원고의 사촌동생 甲으로부터 2024. 5. 20. 위 건물을 임차하였으므로 이를 점유할 권원이 있다고 항변한다.[190] 그러나 당시 甲에게 원고를 대리할 권한이 있었다는 점에 부합하는 듯한 ……(증거)는 믿기 어렵고, ……(증거)만으로는 이를 인정하기에 부족하며, 달리 이를 인정할 만한 증거가 없다. 따라서 피고의 항변은 나머지 점에 관하여 살필 필요 없이 이유 없다.

---

189) 원고의 청구원인을 배척하는 경우와는 달리 피고의 항변을 배척하는 경우에는, 먼저 인정되는 사실의 설시를 앞세운 후 인정되지 않는 피고의 주장사실을 적시하고 나서 그것이 인정되지 않음을 설시하는 방식은 사용하지 아니한다.

190) 첫째 방법보다 피고의 항변 내용을 조금 더 상세하게 적시하더라도 중복 기재 문제는 발생하지 않을 것이다.

(3) 항변에 관한 주장사실만으로는 법률효과가 발생하지 않을 때

(가) 피고의 주장사실만으로는 법률효과가 발생하지 않을 때에는 원칙적으로 사실판단을 할 필요 없이 법률판단만으로 주장을 배척한다.

(나) 피고의 주장사실만으로는 법률효과가 발생하지 않지만, 누락된 요건사실을 지적하는 차원에서 '……(누락된 요건사실)에 대한 주장·증명이 없는 이상'이라는 문구를 삽입하는 경우도 있다.

[기재례]

피고는, 이 사건 매매계약 체결 당시 피고가 미성년자였기 때문에 이 사건 매매계약은 무효라고 항변한다. 그러나 피고가 이 사건 매매계약 체결 당시 미성년자였다고 하더라도, 당시 피고가 의사무능력자였다고 볼 만한 사정에 대한 주장·증명이 없는 이상, 이 사건 매매계약 체결 당시 피고가 미성년자였다는 사유만으로 바로 위 매매계약이 무효라고 할 수는 없다. 따라서 피고의 항변은 이유 없다.

3) 항변의 일부만 받아들이고, 나머지를 배척하는 경우

가) 항변의 일부만을 받아들일 때에는 먼저 항변 내용 전체를 적시한 후 ① 받아들이는 부분을 설시한 다음, ② 배척하는 부분을 설시하는 방법이 대체로 무난하다.

[기재례]

피고는, 이 사건 토지 전체에 대하여 관습상의 법정지상권을 취득하였으므로 이를 점유할 권원이 있다고 항변한다.

살피건대, ……(증거)에 변론 전체의 취지를 종합하면, 이 사건 토지와 건물은 원래 甲이 모두 소유하고 있다가 2024. 9. 1. 그중 이 사건 건물만 피고에게 매도하고 같은 날 그 소유권이전등기를 마침으로써 그 소유자가 달라진 사실을 인정할 수 있으므로, 피고는 이 사건 건물의 유지·사용에 필요한 범위에서 이 사건 토지에 대한 관습상의 법정지상권을 취득하였다.

나아가 위 관습상의 법정지상권의 효력이 미치는 범위에 관하여 보건대, ……(증거)에 변론 전체의 취지를 종합하면, 이 사건 건물의 유지·사용에 필요한 범위는 이 사건 토지 중 별지 도면 표시 1, 2, 3, …, 1의 각 점을 순차로 연결한 선내 ㉮ 부분인 사실을 인정할 수 있다. 따라서 피고의 항변 중 위 ㉮ 부분 토지에 대한 부분은 이유 있고, 나머지 토지에 대한 부분은 이유 없다.

나) 다만, 항변이 수량적으로 일부 받아들여지고 나머지 배척 부분은 별다른 증명이 없는 등 치열하게 다투어지지 않은 경우에는 배척 부분을 따로 설시하지 않고 「피고의 항변은 위 인정 범위에서 이유 있다.」고만 설시하기도 한다.

[기재례]

피고는, 원고에게 이 사건 물품대금 중 5,000,000원을 변제하였다고 항변한다. 살피건대, ……(증거)에 변론 전체의 취지를 종합하면, 피고가 2024. 3. 2. 원고에게 위 물품대금 중 3,000,000원을 변제한 사실을 인정할 수 있으나, 이를 초과하여 변제한 사실을 인정할 아무런 증거가 없으므로, 이 사건 물품대금 채권은 위 3,000,000원의 범위에서 소멸하였다.[191] 따라서 피고의 항변은 위 인정 범위에서 이유 있다.[192]

다) 선이행항변을 배척하면서 그 안에 포함된 동시이행항변을 받아들이는 경우

무조건의 이행을 구하는 청구에는 원고가 특별히 반대의 의사표시를 하지 아니하는 한 동시이행의 판결을 구하는 취지도 포함되어 있다고 볼 수 있듯이, 피고의 선이행항변에는 특별한 반대의 의사표시가 없는 한 동시이행항변을 하는 취지도 포함되어 있다고 볼 수 있다. 이때 선이행항변을 배척하고 동시이행항변을 받아들이는 설시례는 다음과 같다.

[기재례]

피고는 위 계약에 따라 원고로부터 잔대금을 지급받은 후에야 원고에게 소유권이전등기절차를 이행할 의무가 있다고 항변한다. 살피건대, ……(증거)에 변론 전체의 취지를 종합하면 원고와 피고가 위 매매계약을 체결함에 있어 원고가 피고에게 그 대금 중 잔대금 300,000,000원을 2024. 1. 31.에 지급하기로 약정한 사실은 인정할 수 있으나(인정할 수 있으므로 원고가 피고에게 잔대금 300,000,000원을 지급할 의무가 있다 할 것이나), 나아가 위 매매계약상 원고가 자신의 잔대금 지급의무를 피고의 소유권이전등기의무보다 선이행하기로 약정하였음을 인정할 증거가 없으므로 원고의 의무가 선이행의무임을 주장하는 위 항변은 이유 없다. 그러나 부동산 매매계약에 있어 잔대금 지급의무와 소유권이전등기의무는 일반적으로 동시이행 관계에 있는 것이므로 위 계약에서도 피고는 원고의

---

191) 변제 항변 중 일부만 받아들여지는 경우에는 주장 범위와 인용 범위가 다르므로 일부 채무소멸이라는 법률효과를 기재해야 한다.

192) 이때에는 「나머지 항변은 이유 없다.」고 기재하지 않아도 무방하다.

잔대금 지급과 상환으로써만 소유권이전등기절차를 이행할 의무가 있을 뿐이고, 피고의 위 선이행항변 중에는 동시이행의 항변을 하는 취지도 포함되어 있다고 볼 것이므로, 피고의 위 항변은 결국 동시이행을 구하는 범위 내에서 이유 있다.[193)]

라. 재항변 단계에서의 주장 설시 및 판단 방법

1) 재항변을 배척하는 경우

청구원인은 물론 항변에 대한 판단까지 모두 마친 상태에서, 그 다음 단계로 재항변 내용을 적시한 후 이를 배척하는 판단을 하면 된다.

[기재례]

피고는 이 사건 대여금 채권이 이미 시효로 소멸하였다고 항변한다. 살피건대, 이 사건 대여금 채권의 변제기가 2013. 9. 10.임은 앞서 본 바와 같고, 그로부터 10년이 경과된 후인 2023. 10. 5. 비로소 이 사건 소가 제기되었음은 기록상 분명하므로, 이 사건 대여금 채권은 이 사건 소 제기 전에 이미 시효로 소멸하였다. 따라서 피고의 항변은 이유 있다.

이에 대해 원고는 소멸시효 기간 만료 전인 2023. 7. 7. 피고가 원고에게 채무를 승인함으로써 소멸시효가 중단되었다고 재항변한다. 그러나 이에 부합하는 듯한 ……(증거)는 믿기 어렵고, ……(증거)만으로는 이를 인정하기에 부족하며, 달리 이를 인정할 만한 증거가 없다. 따라서 원고의 재항변은 이유 없다.

2) 재항변을 받아들이는 경우

청구원인, 항변, 재항변의 단계적 구조를 생각하면 항변에 대한 인용판단을 끝낸 후에 재항변을 판단하여야 하는데, 그렇게 되면 앞에서 「항변은 이유 있다.」라고 단언해 놓고는 뒤에서는 「결국 피고의 항변은 이유 없다.」라고 번복하여 설시하게 되어, 이유에 상호 모순이 있는 것처럼 보일 여지가 있다.

따라서 실무에서는, 먼저 항변 요지를 간략히 적시하고 나서 항변에 관한 사실관계까지만 인정한 다음, 항변이 이유 있다는 설시 및 재항변의 내용은 모두 생략한 채

193) 선이행의 항변과 동시이행의 항변을 모두 한 경우에는 별도로 판단하여야 함은 물론이다.

바로 재항변에 관한 사실관계를 인정한 후 이를 근거로 항변을 배척하는 방식으로 설시한다. 이 경우 하나의 문장으로 연결하여 설시하는 것이 전통적인 방식이나,[194] 항변사실의 인정 부분과 재항변사실의 인정 부분만큼은 증거관계를 별도로 설시하여 명확히 구분해 주어야 한다.

다만, 위와 같은 결합형 설시는 어느 항변에 대응하는 재항변이 하나만 있을 때 그 항변과 재항변이 각 전부 인용되고, 이로써 그 항변이 모두 배척되는 경우에 한하여 사용하는 것이 적당하고, 그 이외의 경우(항변 중 일부만 인용되는 경우, 항변에 대해 재항변이 두 개 이상 있는 경우 등)에는 항변과 재항변을 구분하여 각 단계 별로 따로 법률효과 및 당부를 판단하는 것이 바람직하다.

[기재례]

> 피고는 이 사건 대여금 채권이 이미 시효로 소멸하였다고 항변한다. 살피건대, 이 사건 대여금 채권의 변제기인 2013. 9. 10.부터 10년이 경과된 후인 2023. 10. 5. 비로소 이 사건 소가 제기되었다. 그러나 한편, ……(증거)에 변론 전체의 취지를 종합하면, 소멸시효 기간 만료 전인 2023. 7. 7. 피고가 원고에게 '이 사건 대여금 채권을 반드시 갚겠다'는 취지의 각서를 작성·교부한 사실이 인정되므로, 이로써 소멸시효는 채무 승인으로 중단되었다. 따라서 (이를 지적하는 원고의 재항변은 이유 있고) 피고의 항변은 이유 없다.

이상의 설명과 달리, 「피고가 ……라고 항변함에 대하여 원고는 ……라고 재항변하므로 살피건대, ……」라는 식으로 피고의 항변과 원고의 재항변을 병렬적으로 한꺼번에 적시하여 판단하는 방식은 피하여야 한다. 이는 항변과 재항변의 논리적 단계와 어긋나기 때문이다.

---

194) 항변의 판단에서 최소한의 법률효과의 설시를 부가하는 경우(이 경우에도 항변이 이유 있다는 당부 판단은 여전히 하지 않는다) 또는 재항변의 판단내용이 지나치게 긴 경우에는 항변 판단의 문장을 일단 종결하고 재항변은 새로이 문장을 열어 판단하기도 한다.

마. 재재항변 단계에서의 주장 설시 및 판단 방법

1) 재재항변을 배척하는 경우

피고의 재재항변을 배척한다는 것은 원고의 재항변이 받아들여지는 것이고, 결국 원고의 재항변이 받아들여져 피고의 항변이 배척되는 것이므로, 항변을 배척하는 취지에 초점을 맞추면 된다.

즉 항변에 관한 사실관계까지만 인정한 다음, 재항변에 관한 사실관계를 인정한 후 이를 근거로 항변을 배척한다. 그러고 나서 새로이 문장을 열어 재재항변 내용을 적시한 후 이를 배척하는 판단을 기재하면 된다.

[기재례]

피고는 이 사건 대여금 채권이 이미 시효로 소멸하였다고 항변한다. 살피건대, 이 사건 대여금 채권의 변제기인 2013. 9. 10.부터 10년이 경과된 후인 2023. 10. 5. 비로소 이 사건 소가 제기되었으나, 한편 ……(증거)에 변론 전체의 취지를 종합하면, 원고는 소멸시효 완성 전인 2023. 7. 7. 이 사건 대여금 채권을 피보전권리로 하여 피고 소유의 ……(부동산)에 대하여 서울중앙지방법원 2023카합19259호로 가압류신청을 하여 그 결정을 받아 집행한 사실을 인정할 수 있으므로, 이로써 소멸시효는 중단되었다. 따라서 (이를 지적하는 원고의 재항변은 이유 있고) 피고의 항변은 이유 없다.
이에 대해 피고는 위 가압류 결정이 2023. 12. 29. 피보전권리에 대한 소명 부족으로 취소되었기 때문에 소멸시효 중단의 효력이 없다고 재재항변한다. 그러나 이를 인정할 만한 아무런 증거가 없다. 따라서 피고의 재재항변은 이유 없다.

2) 재재항변을 받아들이는 경우

피고의 재재항변을 받아들인다는 것은 원고의 재항변이 배척되는 것이고, 결국 원고의 재항변이 배척되는 것은 피고의 항변이 받아들여지는 것이므로, 이 점에 초점을 맞추면 된다.

즉 항변에 관한 사실관계를 인정한 후 이를 근거로 항변을 받아들인다는 판단의 문장을 끝맺고 나서, 새로이 문장을 열어 재항변을 적시하고 재항변에 관한 사실관계를 인정한 후, 재항변에 대한 당부 판단 및 재재항변 내용의 적시는 생략한 채 바로 재재항변에 관한 사실관계를 인정한 다음 이를 근거로 재항변을 배척하는 판단으로 종결한다. 이와 같은 설시방식은 앞서 라. 2) 부분에서 설명한 설시방식에 상응하는 것이다.

[기재례]

> 피고는 이 사건 대여금 채권이 이미 시효로 소멸하였다고 항변한다. 살피건대, 이 사건 대여금 채권의 변제기인 2013. 9. 10.부터 10년이 경과된 후인 2023. 10. 5. 비로소 이 사건 소가 제기되었으므로, 이 사건 대여금 채권은 이 사건 소 제기 전에 이미 시효로 소멸하였다. 따라서 피고의 항변은 이유 있다.
> 이에 대해 원고는 소멸시효 완성 전에 피고 소유의 ……(부동산)에 대하여 가압류를 하였기 때문에 소멸시효가 중단되었다고 재항변한다. 살피건대, ……(증거)에 변론 전체의 취지를 종합하면, 원고가 2023. 7. 7. 위 대여금 채권을 피보전권리로 하여 피고 소유의 ……(부동산)에 대하여 서울중앙지방법원 2023카합19259호로 가압류신청을 하여 그 가압류결정을 받아 집행한 사실을 인정할 수 있다. 그러나 다른 한편으로 ……(증거)에 변론 전체의 취지를 종합하면, 위 가압류결정에 대해 피고가 이의신청을 한 결과 피보전권리에 대한 소명 부족을 이유로 2023. 12. 29. 서울중앙지방법원 2023카합33268호로 위 가압류결정을 취소하는 결정이 고지되어 그 무렵 가압류취소결정이 확정된 사실을 인정할 수 있는바, 이로써 가압류에 의한 소멸시효 중단의 효력은 상실되었다. 따라서 (이 점을 지적하는 피고의 재재항변은 이유 있고) 원고의 재항변은 이유 없다.

3. 제2방식의 주장 설시 방법

가. 소송요건 단계에서의 주장 설시 방법

1) 본안전항변을 받아들이는 경우

가) 피고의 본안전항변을 받아들이는 경우에는 제1방식과 큰 차이가 없다.

나) 다만, 기초사실을 먼저 기재하는 것이 본안전항변에 대한 판단에 도움이 되는 경우도 있을 것이다.

[기재례]

1. 기초사실[195]

....

2. 본안전항변에 대한 판단[196]

....

3. 결론

....

2) 본안전항변을 배척하는 경우

가) 피고의 본안전항변을 배척하는 경우에도 '본안전항변에 대한 판단' 부분의 설시는 제1방식과 크게 다르지 않다.

나) 이후 '본안에 대한 판단' 부분은 후술하는 청구원인, 항변, 재항변 등 단계에서의 주장 설시에 관한 설명을 그대로 응용하면 된다.

[기재례]

1. 기초사실

....

2. 본안전항변에 대한 판단

....

3. 본안에 대한 판단

....

4. 결론

....

195) 본안전항변에 대한 판단을 위해 필요한 범위에서 기본적인 사실관계를 설시한다. 다만, 여기서는 당사자 사이에 다툼이 없거나 치열하게 다투지 않는 사실관계에 한하여 기재한다.

196) 본안전항변에 대한 판단을 위해 추가적으로 사실인정을 하는 경우도 있다. 이때에는 당사자 사이에 치열하게 다투는 사실관계에 대하여도 그와 같은 사실인정의 판단 근거와 함께 기재한다.

나. 청구원인, 항변, 재항변 등 단계에서의 주장 설시 방법

1) 쟁점이 비교적 간단한 사안

가) 제2방식의 기본 구조는 ① 기초사실, ② 당사자 주장, ③ 판단, ④ 결론 순으로 설시하는 것이다.

[기재례]

1. 기초사실[197)]

……………………………………………

2. 당사자 주장

……………………………………………

3. 판단

……………………………………………

4. 결론

……………………………………………

나) 위 기본 구조에서 기초사실을 생략하고, 바로 당사자 쌍방의 주장을 설시함으로써 쟁점이 명확하게 드러나게 할 수 있는 사건도 있다(피고의 주장이 항변이 아닌 부인에 해당하더라도, 그 주장을 상세하게 설시함으로써 쟁점이 분명하게 드러난다면, 이를 기재해 주는 것을 고려해 볼 수 있다).

[기재례]

1. 당사자의 주장

가. 원고

원고는 2024. 3. 15. 피고의 영업사원인 甲을 통하여 피고에게 5,000,000원 상당의 물품을 납품하였다. 따라서 피고는 원고에게 위 물품대금 5,000,000원 및 이에 대한 지연손해금을 지급할 의무가 있다.

나. 피고

원고와 거래한 상대방은 피고가 아니라 甲이다(즉 甲은 피고의 영업사원이 아니라 독립적인 사업자로서 원고와 직접 거래한 것이다). 따라서 피고는 위 물품대금에

197) 기초사실의 설시 목적, 기초사실에 기재할 사항, 주의할 점은 2장 1절 1. 다. 부분 참조

대하여 아무런 책임이 없다.

2. 판단

....

3. 결론

....

다) 이때 원고가 피고의 주장이 받아들여질 경우를 대비하여 청구원인을 추가하는 경우도 상정할 수 있다.

[기재례]

1. 당사자의 주장

가. 원고는, 2024. 3. 15. 피고의 영업사원인 甲을 통하여 피고에게 5,000,000원 상당의 물품을 납품하였으므로, 피고는 원고에게 위 물품대금 5,000,000원 및 이에 대한 지연손해금을 지급할 의무가 있다고 주장한다.

나. 반면 피고는, 원고와 거래한 상대방은 피고가 아니라 甲이므로(즉 甲은 피고의 영업사원이 아니라 독립적인 사업자로서 원고와 직접 거래한 것이므로), 피고는 위 물품대금에 대하여 아무런 책임이 없다고 주장한다.

다. 이에 대해 다시 원고는, 자신과 거래한 상대방은 피고임이 분명하고, 설령 그렇지 않더라도 피고는 甲에게 본인 명의를 사용하여 영업하는 것을 허락하였고 그로 인해 원고는 피고가 영업주인 것으로 오인하여 거래하게 된 것이므로, 상법 제24조에 따라 피고에게는 명의대여자로서의 책임이 있다고 주장한다.

2. 판단

....

3. 결론

....

2) 쟁점이 비교적 복잡한 사안[198)]

가) 실무상 당사자의 주장을 일괄하여 기재하는 방법(이하 '통합형'이라 한다)과 당사자의 주장을 쟁점별로 기재하는 방법(이하 '병렬형'이라 한다)이 모두 사용된다.

<table>
<tr><td rowspan="3">(1) 통합형
당사자 주장을 일괄하여 기재한 다음, 한꺼번에 판단을 기재하는 방법</td><td colspan="2">(가) 일방 당사자의 주장만 기재하는 방법</td></tr>
<tr><td rowspan="2">(나) 쌍방 당사자의 주장을 모두 기재하는 방법</td><td>① 쌍방의 주장을 쟁점별로 대비하지 않고 전체적인 주장의 취지가 드러나게 기재하는 방법</td></tr>
<tr><td>② 쌍방의 주장을 쟁점별로 대비하여 기재하는 방법</td></tr>
<tr><td rowspan="2">(2) 병렬형
당사자 주장을 쟁점별로 기재한 다음, 해당 쟁점마다 판단을 기재하는 방법</td><td colspan="2">(가) 일방 당사자의 주장만 기재하는 방법</td></tr>
<tr><td colspan="2">(나) 쌍방 당사자의 주장을 모두 기재하는 방법</td></tr>
</table>

나) 전술한 기재례 사안에서 피고가 원고의 주장이 받아들여질 경우에 대비하여 변제 항변을 하는 경우를 상정해 본다.

(1) 통합형

위 표에서 (1)(나)②의 방법, 즉 통합형 중 쌍방 당사자의 주장을 모두 기재하면서, 쌍방의 주장을 쟁점별로 대비하여 기재하는 방법을 사용하면 다음과 같다.

[기재례]

1. 기초사실

   ....

2. 당사자의 주장

   가. 원고

   1) 원고는 2024. 3. 15. 피고의 영업사원인 甲을 통하여 피고에게 5,000,000원 상당의 물품을 납품하였다.

198) 새로 쓰는 민사판결서, 88~92쪽

2) 설령 원고의 거래 상대방이 피고가 아니라 甲이었다고 하더라도, 피고는 甲에게 본인 명의를 사용하여 영업하는 것을 허락하였고 그로 인해 원고는 피고가 영업주인 것으로 오인하여 거래하게 된 것이므로, 상법 제24조에 따라 피고에게는 명의대여자로서의 책임이 있다.

3) 원고는 피고로부터는 물론 甲으로부터도 위 물품대금을 변제받은 바 없다.

4) 따라서 피고는 원고에게 위 물품대금 5,000,000원 및 이에 대한 지연손해금을 지급할 의무가 있다.

나. 피고

1) 피고는 원고와 거래한 적이 없다.

2) 피고는 甲에게 피고 명의를 사용하도록 허락한 적도 없다.

3) 게다가 甲이 2024. 3. 17. 원고에게 위 물품대금 중 3,000,000원을 변제한 것으로 알고 있다.

4) 따라서 피고는 위 물품대금에 대하여 아무런 책임이 없다(설령 그렇지 않더라도 이미 변제된 액수에 대하여는 책임이 없다).

3. 판단

....

4. 결론

....

위 기재례에서 밑줄 부분은 '단순부인(소극부인)'[199]에 불과하여 굳이 이 부분을 기재할 필요가 없을 것이다. 즉 이러한 사안에서는 (1)(나)②의 방법을 사용하는 것이 효율적으로 보이지는 않는다.

그런데 위 기재례에서 밑줄 부분을 '간접부인(적극부인, 이유부부인)'으로 바꾸면 (1)(나)②의 방법이 상당히 유용하다는 것을 알 수 있다.

---

199) 단순부인(소극부인)과 간접부인(적극부인, 이유부부인)의 개념에 대해서는 뒤에 있는 2절 4. 가. 1) 부분 참조

[기재례]

1. 기초사실

....

2. 당사자의 주장

가. 원고

1) 원고는 2024. 3. 15. 피고의 영업사원인 甲을 통하여 피고에게 5,000,000원 상당의 물품을 납품하였다.

2) 설령 원고의 거래 상대방이 피고가 아니라 甲이었다고 하더라도, 피고는 甲에게 본인 명의를 사용하여 영업하는 것을 허락하였고 그로 인해 원고는 피고가 영업주인 것으로 오인하여 거래하게 된 것이므로, 상법 제24조에 따라 피고에게는 명의대여자로서의 책임이 있다.

3) 피고 주장과 같이 원고가 2024. 3. 17. 甲으로부터 3,000,000원을 송금받은 것은 맞지만, 이는 원고와 甲 사이의 별도의 거래로 인한 것으로서 위 물품대금과는 무관하다.

4) 따라서 피고는 원고에게 위 물품대금 5,000,000원 및 이에 대한 지연손해금을 지급할 의무가 있다.

나. 피고

1) 원고와 거래한 상대방은 피고가 아니라 甲이다(즉 甲은 피고의 영업사원이 아니라 독립적인 사업자로서 원고와 직접 거래한 것이다).

2) 甲이 피고 명의를 도용하였다(피고는 甲을 사문서위조죄 등으로 형사고소한 상태이다).

3) 게다가 甲이 2024. 3. 17. 원고에게 위 물품대금 중 3,000,000원을 변제한 것으로 알고 있다.

4) 따라서 피고는 위 물품대금에 대하여 아무런 책임이 없다(설령 그렇지 않더라도 이미 변제된 액수에 대하여는 책임이 없다).

3. 판단

....

4. 결론

....

위 기재례에서 밑줄 부분이 '단순부인(소극부인)'인 사안으로 다시 돌아가, 굳이 밑줄 부분을 기재할 필요가 없으므로 이를 삭제하거나 대폭 생략하면, 위 표에서 (1)(나)

①의 방법, 즉 통합형 중 쌍방 당사자의 주장을 모두 기재하면서, 쌍방의 주장을 쟁점별로 대비하지 않고 전체적인 주장의 취지가 드러나게 기재하는 방법이 될 것이다.

[기재례]

1. 기초사실

……………………………………………

2. 당사자의 주장

가. 원고

1) 원고는 2024. 3. 15. 피고의 영업사원인 甲을 통하여 피고에게 5,000,000원 상당의 물품을 납품하였다.

2) 설령 피고의 주장과 같이 원고의 거래 상대방이 피고가 아니라 甲이었다고 하더라도, 피고는 甲에게 본인 명의를 사용하여 영업하는 것을 허락하였고 그로 인해 원고는 피고가 영업주인 것으로 오인하여 거래하게 된 것이므로, 상법 제24조에 따라 피고에게는 명의대여자로서의 책임이 있다.

3) 따라서 피고는 원고에게 위 물품대금 5,000,000원 및 이에 대한 지연손해금을 지급할 의무가 있다.

나. 피고

1) 피고는 원고와 거래한 적이 없고, 원고의 거래 상대방은 甲이다.

2) 게다가 甲이 2024. 3. 17. 원고에게 위 물품대금 중 3,000,000원을 변제한 것으로 알고 있다.

3) 따라서 피고는 위 물품대금에 대하여 아무런 책임이 없다(설령 그렇지 않더라도 이미 변제된 액수에 대하여는 책임이 없다).

3. 판단

……………………………………………

4. 결론

……………………………………………

나아가 굳이 당사자 쌍방의 주장을 기재할 필요가 없다고 판단하여 원고의 주장만 적시하면, 위 표에서 (1)(가)의 방법, 즉 통합형 중 일방 당사자의 주장만 기재하는 방법이 될 것이다(다만, 이때에는 피고의 변제 항변을 적절한 곳에서 적시해 주어야 한다).

[기재례]

1. 기초사실

....

2. 원고의 주장

가. 원고는 2024. 3. 15. 피고의 영업사원인 甲을 통하여 피고에게 5,000,000원 상당의 물품을 납품하였다.

나. 설령 피고의 주장과 같이 원고의 거래 상대방이 피고가 아니라 甲이었다고 하더라도, 피고는 甲에게 본인 명의를 사용하여 영업하는 것을 허락하였고 그로 인해 원고는 피고가 영업주인 것으로 오인하여 거래하게 된 것이므로, 상법 제24조에 따라 피고에게는 명의대여자로서의 책임이 있다.

다. 따라서 피고는 원고에게 위 물품대금 5,000,000원 및 이에 대한 지연손해금을 지급할 의무가 있다.

3. 판단

가. .... 따라서 피고는 원고에게 위 물품대금 5,000,000원 및 이에 대한 지연손해금을 지급할 의무가 있다.

나. 이에 대해 피고는, 甲이 2024. 3. 17. 원고에게 위 물품대금 중 3,000,000원을 변제하였다고 항변한다. 살피건대, ...

4. 결론

....

(2) 병렬형

위 표에서 (2)(나)의 방법, 즉 병렬형 중 쌍방 당사자의 주장을 모두 기재하는 방법을 사용하면 다음과 같다.

[기재례]

1. 기초사실

....

2. 당사자 주장 및 그에 대한 판단

가. 거래당사자로서의 책임 유무

1) 당사자 주장

가) 원고는, 2024. 3. 15. 피고의 영업사원인 甲을 통하여 피고에게 5,000,000원 상당의 물품을 납품하였다고 주장한다.

나) 반면 피고는, 원고와 거래한 상대방은 피고가 아니라 甲(즉 甲은 피고의 영업사원이 아니라 독립적인 사업자로서 원고와 직접 거래한 것)이라고 주장한다.

2) 판단

....(거래당사자가 피고라는 증거 부족)

나. 명의대여자로서의 책임 유무

1) 당사자 주장

가) 원고는, 설령 피고가 거래당사자는 아니라고 하더라도, 피고는 甲에게 본인 명의를 사용하여 영업하는 것을 허락하였고 그로 인해 원고는 피고가 영업주인 것으로 오인하여 거래하게 된 것이므로, 상법 제24조에 따라 피고에게는 명의대여자로서의 책임이 있다고 주장한다.

나) 반면 피고는, 甲이 피고 명의를 도용한 것(피고는 甲을 사문서위조죄 등으로 형사고소한 상태이다)이라고 주장한다.

2) 판단

....(명의대여자로서 책임 인정)

다. 변제 항변에 대한 판단

1) 당사자 주장

가) 피고는, 甲이 2024. 3. 17. 원고에게 위 물품대금 중 3,000,000원을 변제하였다고 항변한다.

나) 반면 원고는, 2024. 3. 17. 甲으로부터 3,000,000원을 송금받은 것은 맞지만, 이는 원고와 甲 사이의 별도의 거래로 인한 것으로서 위 물품대금과는 무관하다고 주장한다.

2) 판단

....

3. 결론

....

위 표에서 (2)(가)의 방법, 즉 병렬형 중 일방 당사자의 주장만 기재하는 방법도 자유롭게 활용할 수 있을 것이다.

물론 병렬형에 있어서는 쟁점마다 설시 방법을 달리하는 것도 가능하다. 예컨대, 위 기재례에서 '변제 항변에 대한 판단 부분'만 (2)(가)의 방법, 즉 병렬형 중 일방 당사자의 주장만 기재하는 방법을 사용할 수도 있을 것이다.

[기재례]

1. 기초사실

……………………………………………

2. 당사자 주장 및 그에 대한 판단

가. 거래당사자로서의 책임 유무

……………………………………………

나. 명의대여자로서의 책임 유무

……………………………………………

다. 변제 항변에 대한 판단

1) 피고는, 甲이 2024. 3. 17. 원고에게 위 물품대금 중 3,000,000원을 변제하였다고 항변한다.

2) ……(증거)에 변론 전체의 취지를 종합하면, 甲이 2024. 3. 17. 원고에게 3,000,000원을 송금한 사실은 인정된다. 그러나 한편 ……(증거)에 변론 전체의 취지를 더해보면, 원고가 이 사건 거래와 별도로 2024. 2. 15. 甲에게 3,000,000원 상당의 물품을 납품한 사실, 甲이 2024. 3. 17. 원고에게 3,000,000원을 송금할 당시 계좌이체내역의 '요지'란에 '2월 납품대금'이라고 표시되도록 한 사실이 인정된다. 이러한 사정까지 함께 감안하면 甲이 2024. 3. 17. 원고에게 3,000,000원을 송금하였다는 사정만으로 바로 이 사건 물품대금 중 일부가 변제되었다고 인정하기에 부족하고(오히려 위 3,000,000원은 2024. 2. 15.자 납품대금이었을 가능성이 높아 보인다), 달리 이를 인정할 증거가 없다.

3) 따라서 피고의 변제 항변은 이유 없다.

3. 결론

……………………………………………

3) 실무 경향

실무상으로는 병렬형보다 통합형이 더 많이 사용되고 있는 것으로 보인다. 이는 통합형이 당사자 주장의 전체적인 모습을 파악하기 쉽고, 사건의 쟁점에 대한 신속한 이해를 도모할 수 있기 때문이다.

4) 유의점

가) 통합형을 사용할 때에는 다음과 같은 점에 유의해야 한다.

(1) 당사자 주장이 여러 개인 경우 그에 대한 판단도 여러 개로 나뉠 수밖에 없는데, 만약 판단 부분에서 당사자의 주장을 그대로 다시 설시하면 중복되는 문제가 생길 수 있으므로, 판단 부분에서 당사자 주장을 그대로 다시 설시하는 것은 가급적 피해야 한다.

다만, 판단 부분에서 당사자 주장을 다시 설시하지 않으면 어떤 주장에 대한 판단인지가 쉽게 드러나지 않을 수 있는데, 이때에는 다음과 같은 방법들을 고려해 볼 수 있다.

(가) 당사자 주장을 일괄하여 기재할 때 비교적 상세하게 설시한 다음,

① 판단 부분에서 '거래당사자에 관한 주장', '명의대여자 책임에 관한 주장', '변제 항변' 등 핵심 문구만으로 당사자 주장을 특정하는 방법(이때에는 소제목을 적절히 활용하는 것이 바람직하다.)

② 판단 부분에서 '제1주장' 등으로 당사자 주장을 특정하는 방법(이때에는 당사자 주장을 일괄하여 기재할 때부터 '제1주장' 등으로 미리 당사자의 주장을 특정해 두어야 한다.)

(나) 당사자 주장을 일괄하여 기재할 때에는 간략히 설시한 다음, 판단 부분에서 비교적 상세하게 주장을 설시하는 방법(다만, 이 방법은 당사자의 주장을 중복 설시하는 문제를 완전히 해결하기는 어렵다.)

(2) 당사자 쌍방의 주장이 체계적으로 정리되지 않거나 서로 잘 대비되지 않을 경우에는 당사자 주장과 판단이 상호 긴밀하게 연결되어 있지 못하다는 인상을 줄 수 있으므로, 당사자 쌍방의 주장이 명확히 대비되도록 설시해야 한다. 특히, '당사자 주장' 및 '판단' 부분이 방대하여 판결서 안에서 위치가 상당히 멀어지게 되는 경우에는 '당사자 주장' 부분에 소제목을 달아 원고와 피고의 주장이 대비·연계될 수 있도록 하고, '판단' 부분에서도 당사자 주장과 연계될 수 있는 소제목을 다는 방법 등을 적절히 활용할 수 있을 것이다.

(3) 당사자 주장이 여러 개인 경우 일부 주장에 대하여만 지나치게 상세하게 기재하면 다른 주장과 균형을 이루지 못한다는 인상을 줄 수 있으므로 이 점에도 유의하여야

한다.

나) 병렬형을 사용할 때에는 다음과 같은 점에 유의해야 한다.

(1) 소제목을 적절하게 활용한다.

(2) 해당 쟁점에서 당사자 쌍방의 주장을 대비되도록 설시하거나, 그에 대한 증명책임을 부담하는 일방의 주장만 기재한다.

(3) 당사자 주장을 너무 장황하게 기재하면서 판단 부분이 미흡하게 되지 않도록 유의한다.

다) 통합형 또는 병렬형 중 어떤 방법에 의하더라도, 증명책임이 전도된 것처럼 보이게 설시하여서는 아니 된다. 예컨대, 원고가 대여금을 청구하는 사건에서 피고가 투자금이라고 주장하는 경우, 대여금이라는 점에 대한 증명책임은 원고에게 있으므로, 「피고가 제출한 증거들만으로는 투자금이라는 점에 대한 증명이 부족하다.」는 식으로 설시하여서는 아니 된다(전통적인 제1방식은 자연스럽게 증명책임에 따르게 되는 반면, 새로운 제2방식은 증명책임이 전도되는 오류를 범하기 쉽다는 점을 항상 유념해야 한다).

4. 항변과 부인, 항변에 유사한 주장의 구별

가. 의의

1) 부인

어느 당사자의 사실상의 주장에 대한 상대방의 태도는 부인, 부지, 자백, 침묵 4가지로 구분되고, 이 가운데 부인은 청구원인사실을 인정하지 않는 것이다. 그런데 부지는 다툰 것(부인)으로 추정되고(제150조 제2항), 침묵은 변론 전체의 취지로 보아 다툰 것(부인)으로 인정되는 경우와 다투지 않은 것으로 인정되는 경우(자백간주)로 나뉘므로, 결국 상대방의 답변에는 크게 자백과 부인 2가지가 있는 셈이다. 부인도 구체적인 내용에 따라 성격이 나누어지는데 단순부인(소극부인)은 단순히 상대방의 주장사실이 아니라고 부정하는 데 그치는 진술이고, 간접부인(적극부인, 이유부부인)은 상대방의 주장사실과 양립할 수 없는 별개의 사실을 주장함으로써 간접적으로 상대방의 주장사실을 부인하는 진술이다.[200][201]

2) 항변

가) 피고가 원고의 청구를 배척하기 위하여 소송상 또는 실체상의 이유를 들어 적극적인 방어를 하는 것을 널리 항변이라고 하는데, 여기서 논의하는 실체법상 항변은 원고의 청구를 배척하기 위하여 원고의 주장사실이 진실임을 전제로 하여 이와 양립 가능한 별개의 사항에 대하여 피고가 하는 사실상의 진술이다. 논리적 단계에 따라 피고의 항변을 배척하기 위한 것은 재항변, 원고의 재항변을 배척하기 위한 것은 재재항변으로 항변과 동일한 성질을 가지고 있다.

나) 항변, 재항변, 재재항변은 각각 그 앞 단계인 청구원인사실, 항변사실, 재항변사실이 인정되는 것을 전제로 하여 권리장애사유, 권리소멸사유 또는 권리행사저지사유를 주장하는 내용이어야 한다. 예를 들어 매매대금청구 소송의 경우, 원고의 청구원인인 매매계약체결사실은 권리발생사실에 해당한다. 이에 대해 피고가 매매계약이 통정허위표시로서 무효라고 주장하는 것은 권리장애사유, 매매대금을 이미 지급하였다는 것은 권리소멸사유, 이행기가 도래하지 않았다는 것은 권리행사저지사유이고 이는 모두 항변에 해당한다. 이와 같이 피고의 어떤 주장을 항변으로 보아 판단의 대상으로 삼기 위해서는, 그 주장 내용이 권리의 장애, 소멸 또는 행사저지사유로서 실체법규에 규정된 것이거나 그 해석상 수긍할 수 있는 것이어야 한다. 다시 말하면, 당사자가 주장하는 법률효과에 관한 요건사실이 빠짐없이 주장되어 그에 대한 증명만 된다면 권리의 장애, 소멸 또는 행사저지의 결과가 발생하도록 실체법규에 명시적으로 규정되어 있거나, 그 해석상 수긍할 수 있는 사유를 주장할 때만 항변으로 취급된다.

다) 한편, 권리소멸규정 및 권리행사저지규정은 일단 권리의 발생을 전제로 하는 것이므로 시간적 선후에 따라 권리근거규정과 비교적 쉽게 구분할 수 있으나, 권리근거규정과 권리장애규정은 모두 권리의 발생단계에서 작용하는 것이므로 구별이 쉽지 않

---

200) 최영룡, "법률상 추정에서의 주장책임 및 부인·항변", 사법연수원논문집 제2집 (2004), 36쪽

201) 예컨대, 대여금 청구사건에서 당사자 사이에 금전이 수수되었다는 사실은 다툼이 없으나, 원고는 그 수수의 원인이 소비대차라고 주장하고 피고는 전에 빌려준 금원을 변제받은 것에 불과하다고 다투는 경우

다. 일응 그 요건이 원칙적인 것인가, 예외적인 것인가를 기준으로 하되, 구체적으로는 실체법의 규정형식을 기준으로 본문 또는 원칙적 규정은 권리근거규정, 단서 또는 예외적 규정은 권리장애규정이라고 보는 것이 타당하다(이른바 '법률요건분류설'). 다만, 조문의 문언 및 형식만 중시하여 분류할 경우 각 조문 상호간에 저촉이 있거나 공평의 원칙에 반할 수 있다. 따라서 실체법의 문언 및 형식을 기초로 판단함과 동시에 증명책임 부담의 측면에서 공평·타당성을 항상 염두에 두어야 한다.

3) 항변에 유사한 주장

가) 당사자가 실체법규상에 아무런 근거 없이 자신의 독단적인 이론 아래 청구원인사실과는 독립된 다른 어떤 사실을 내세워 청구원인사실에 의한 법률효과의 발생을 다투는 내용의 주장을 하는 경우가 있다.[202] 그러한 주장은 형태상으로는 항변에 유사하나 진정한 의미의 항변이라고 할 수 없다. 이러한 항변에 유사한 주장은 상대방의 청구를 인정하는 것을 전제로 별도의 사유를 내세운다는 점에서 부인과는 구별되고, 한편 실체법규에 규정된 항변사유를 내세웠으되 그 요건사실의 전부 또는 일부의 주장이 없는 경우와도 구별된다.[203]

---

202) 예를 들어,
① 소유권에 기한 건물인도청구에 대하여 피고가 청구원인사실(원고의 소유와 피고의 점유)을 자백하면서도, 「이사할 다른 집이 없으므로 원고의 청구에 응할 수 없다.」 또는 「사전통고도 없이 소를 제기하였는데 피고가 전거할 집을 구하기 위해서는 최소한 3개월의 기간이 필요하므로 그 전에는 원고의 청구가 인용되어서는 아니 된다.」라고 주장하는 경우이다. 다만, 피고가 만일 「이사할 집을 구할 수 없는 피고에 대하여 사후대책도 없이 인도를 구하는 것은 권리남용에 해당하므로 허용되어서는 아니 된다.」라는 식으로 주장하였다면, 일단 권리남용의 항변을 하였으되 요건사실의 주장에 흠이 있는 것으로 보고 배척하는 판단을 하여야 한다.
② 금전청구에 대하여 「변제할 자력이 없으므로 원고의 청구에 응할 수 없다.」라고 주장(이른바 무자력 항변)하는 경우이다.
③ 원인무효등기의 명의자로부터 전득한 자에 대한 말소등기청구에 대하여 「과실 없이 유효한 등기로 믿고 이전등기 받은 것이므로 매수대금을 반환받지 못하는 한 원고의 청구에 응할 수 없다.」라고 주장하는 경우이다.

203) 그런데 항변에 유사한 주장을 세밀하게 파고들어가 보면 그러한 항변을 법률적으로 인정하여야 한다는 견해도 있을 수 있으므로 그것 자체만으로 말이 안 된다고 치부할 수 없고, 판례 변경을 통하여 법적으로 유효한 항변이 될 여지도 있다. 이렇게 보면 항변과 항변에

나) 실무에서는 당사자의 주장이 극히 기초적인 법리에 비추어 보더라도 항변사유에 해당하지 아니함이 분명한 때에는 판단하지 아니하는 경우가 대부분이다.[204] 그러나 당사자가 나름대로 독자적인 논리를 구성하고 있다든지, 다른 법규를 끌어대어 외견상 청구원인사실에 의한 법률효과가 배척될 수 있는 듯한 법리를 구성하여 주장하고 있어 그것이 항변사유에 아예 해당하지 아니한 것인지 아니면 항변사유에는 해당하되 요건사실의 주장에 흠이 있는 것인지가 일견 불분명한 정도에 이른 때에는 이를 적시·판단하는 경우가 많다.[205]

예를 들어, 관습상의 법정지상권을 취득하였음을 원인으로 지상권설정등기를 구하는 원고의 청구에 대하여, 피고가 "당해 건물은 무허가로 건축된 건물이므로 관습상의 법정지상권이 성립할 수 없다"고 주장하는 경우라든지,[206] 토지 소유권에 기하여 건물철거를 구하는 사건에서 피고가 관습상의 법정지상권의 항변을 하였는데, 원고가 "아직 그 법정지상권의 등기가 마쳐지지 않은 이상 법정지상권 성립 당시의 토지소유자로부터 토지를 양수한 제3자인 원고에게 대항할 수 없다"고 주장하는 경우라든지[207], 원고의 대여금 청구에 대하여 피고가 원고의 고의의 불법행위로 인한 피고의 손해배

유사한 주장의 엄격한 구분은 논란의 여지가 있고 경계 자체가 불명확하다. 또한 부인에 해당하는 주장도 청구원인의 존재를 부인할 경우도 있지만 그 존재와 별개의 사유로 부인하는데 그것이 항변에 유사한 주장과 뚜렷이 구분되지 않을 수도 있다.

204) 종전에 대법원은, 원고 청구를 배척할 만한 피고의 항변에 관한 판단누락은 파기사유로 삼았으나(대법원 1994. 8. 23. 선고 94다19983 판결), 판결 결과에 영향이 없는 판단누락은 파기이유가 되는 위법이 아니라는 입장(대법원 1992. 6. 26. 선고 92다10968 판결 등)을 취하였고, 이러한 판례의 해석론을 배경으로 2002. 1. 26. 민사소송법 제208조 제2항이 개정됨에 따라, 반드시 주장 또는 요건사실에 대한 판단을 빠짐없이 설시할 필요는 없으며, 법률상 의미가 없는 주장(예컨대, 판결에 영향이 없는 항변 유사의 법률적 주장)이나 쟁점으로 부각되지 않은 개별 요건사실에 대한 판단은 과감하게 생략할 수 있게 되었다.

205) 판결의 결론에 대한 설득력을 높인다는 점에서 볼 때 위와 같은 실무의 관행은 수긍될 수 있다. 다만, 어떤 주장은 판단할 필요가 없고 어떤 주장은 판단해 주는 것이 자연스러운지 쉽게 구분할 수 있는 보다 구체적인 기준을 한마디로 말하기는 어렵다. 구체적 사건에 대한 판결서 작성의 경험을 쌓아감으로써 점차 터득하는 수밖에 없을 것이다.

206) 건물이 무허가 미등기 건물이라 하더라도 그 원시취득자가 관습상의 법정지상권을 취득함에는 지장이 없다(대법원 1988. 4. 12. 선고 87다카2404 판결, 1991. 8. 13. 선고 91다16631 판결).

207) 법정지상권은 이를 등기하지 아니하더라도 토지양수인 등 제3자에게 주장할 수 있다.

상채권을 자동채권으로 하여 상계의 항변을 하였는데, 원고가 "민법 제496조에 의한 상계금지에 위반된다"고 주장하는 경우[208] 등이 그러하다.

나. 항변과 부인의 구별

1) 항변과 부인의 구별 실익

부인의 경우 부인당한 사실에 대한 증명책임이 부인한 자의 상대방(원고의 청구원인사실을 피고가 부인한 경우 원고가 이에 해당함)에게 돌아가지만, 항변의 경우에는 항변사실의 증명책임이 항변을 제출한 자(원고의 청구원인에 대하여 피고가 항변을 제출한 경우 피고가 이에 해당함)에게 있다. 증명책임은 요증사실의 존재 여부가 불명인 경우 증명책임이 있는 당사자에게 불이익하게 판단된다는 점에서 실무상 중요하다. 증명책임이 있는 당사자가 요증사실을 증명하기 위한 본증은 그 사실의 존재에 관하여 법관에게 확신을 갖게 하는 정도[209]의 심리상태에 도달해야 목적을 달성한다. 이에 반하여 요증사실을 부정하기 위한 반증은 요증사실의 존부에 관하여 법관이 확신을 갖지 못하게 하는 상태에 이르게 하는 것으로 충분하다.[210] 여기에 부인과 항변의 구별실익이 있다.

2) 항변과 부인의 구별 기준

가) 부인과 항변이 상대방의 주장을 배척하기 위한 사실상의 진술인 점에서 차이가 없다. 그러나 항변은 상대방의 주장사실을 인정한 후에 이와 별개의 사실을 주장하는 것이므로 그 답변태도가 "그렇다, 하지만"임에 대하여, 부인은 상대방의 주장사실이 진실이 아니라는 주장이므로 그 답변태도가 "아니다"인 점에서 차이가 있다.[211] 따라서

---

208) 위 조항에 따라 상계가 금지되는 것은 손해배상채권을 수동채권으로 삼은 경우에 한하므로 피고의 위 상계는 위 조항에 위반되는 것이 아니다.

209) 민사소송에서 사실의 증명은 추호의 의혹도 있어서는 아니 되는 자연과학적 증명은 아니나, 특별한 사정이 없는 한 경험칙에 비추어 모든 증거를 종합 검토하여 어떠한 사실이 있었다는 점을 시인할 수 있는 고도의 개연성을 증명하는 것이고, 그 판정은 통상인이라면 의심을 품지 않을 정도일 것을 필요로 한다(대법원 2010. 10. 28. 선고 2008다6755 판결).

210) 안철상, "사법연수생과 민사판결작성", 사법연수원논문집 제1집 (2004), 37쪽

부인은 청구원인과 양립이 불가능한 경우이지만, 항변은 그것과 양립이 가능한 경우라는 것을 알 수 있다. 특히, 간접부인과 항변을 구별하는 것이 쉽지 않은데, 대여금청구소송사건에서 “원고가 피고에게 돈을 대여한 것이 아니라 사업자금으로 사용하라고 하면서 증여한 것이기 때문에 변제할 의무가 없다”라고 주장한 경우, 대여사실과 증여사실은 서로 양립이 불가능함을 알 수 있고 따라서 부인에 해당하게 된다.

나) 똑같은 주장도 청구나 다른 주장과의 상관관계에서 부인이 되기도 하고 항변이 되기도 한다. 예를 들어, 취득시효를 이유로 부동산소유권이전등기청구를 하는 경우에 대하여 본다. 이 경우 취득시효의 요건사실인 '20년간 점유사실'을 증거에 의하여 '20년간 계속하여 점유한 사실'을 인정하는 방법으로 인정할 수 있는데, 이 경우 점유단절이 있었다는 피고의 주장은 20년간 점유가 없었다는 부인에 해당하게 된다. 이에 반하여 20년간 점유사실을 점유개시 시점과 점유종료 시점의 점유사실을 인정한 후 점유계속을 추정하는 방법으로 인정할 수도 있는데(민법 제198조), 이 경우 점유단절이 있었다는 주장은 점유계속 추정에 대한 항변이 된다고 할 수 있다. 또 다른 예를 들어보면, 소유권에 기한 부동산인도청구의 경우 요건사실은 ① 부동산이 원고 소유인 사실, ② 피고가 위 부동산을 점유하고 있는 사실이다. 따라서 피고가 위 부동산의 멸실로 이를 점유하고 있지 않다는 사실은 부인에 해당하게 된다. 이에 반하여 임대차계약이 종료되었음을 이유로 한 부동산인도청구의 경우 요건사실은 ① 임대차계약을 체결한 사실, ② 원고가 임대차계약에 따라 피고에게 부동산을 인도한 사실, ③ 임대차계약이 종료한 사실이고, 피고가 위 부동산을 점유하고 있는 사실은 요건사실이 아니다. 따라서 피고가 부동산의 멸실로 이를 점유하지 않고 있다는 사실은 요건사실과 무관한 사실이고, 경우에 따라서는 임대차계약 종료에 따른 부동산인도의무가 이행불능에 빠졌다는 항변에 해당될 수 있다.

다) 요약하자면, 부인은 상대방이 증명책임이 있는 사실에 대한 반대사실을 주장하는 것인데 반하여 항변은 자기가 증명책임이 있는 사실을 주장하는 것이라고 할 수 있다. 원고와 피고가 뒤바뀐 경우에도(예를 들어 채무부존재확인 소송) 이러한 증명책

211) 최영룡, 앞의 글, 38쪽

임의 소재(원고가 권리장애사유 등 증명, 피고가 권리발생사실 증명)는 변함이 없는 것이 원칙이다.[212)]

3) 증명책임에 따른 판결설시

항변과 부인의 구별이 다소 완화된 제2방식에 따라 판결이유를 구성하더라도, 증명책임분배의 원칙에 입각하여 요건사실을 빠짐없이 확인하고 결론을 도출하는 판단과정 자체를 무시할 수는 없다. 즉 쟁점 중심으로 판단을 하더라도 누구에게 증명책임이 있는지는 사전에 알고 있어야 하고, 피고의 주장이 항변인지, 부인인지를 혼동한다는 인상을 주는 표현을 사용하지 않아야 한다.

다. 항변과 부인, 항변에 유사한 주장의 판단 방법

1) 당사자의 주장을 잘 파악하여, 청구원인에 대하여 적극적인 사유를 제시하면서 다투는 간접부인인지, 권리행사의 장애/소멸/저지 사유에 해당하는 항변인지, 청구원인 자체는 인정하면서도 법률적으로 근거가 없는 주장으로 다투는 항변에 유사한 주장인지 구분한다.

2) 항변의 경우 청구원인과 명백히 구분하여(예를 들어, 별도의 소제목을 달아서 판단하는 방법) 판단하는 것이 원칙이다. 원고의 청구가 인용될 때에는 반드시 항변을 배척하는 판단을 하여야 하고 그렇지 않으면 판단을 누락한 판결로 상소, 재심사유가 된다. 이에 반해 부인의 경우, 원고의 청구를 인용하면서 부인에 대한 판단을 하지 않더라도 판단누락의 위법이 있다고 할 수 없다.

3) 간접부인은 청구원인의 판단 과정에서 처리하는데, 항목을 구분하여 사실인정을 하거나 청구원인 판단에 결합하여 그 주장이 이유 없음을 명시하는 등의 방법에 의한다. 제2방식에서는 부인(특히 간접부인) 주장에 대하여도 적극적으로 판결서에서 판단을 표시하여 주는 경우가 많은데, 이 경우 그 설시는 증명책임이 전도되었다는 오해의 소지가 없도록 해야 한다. 즉 청구원인사실이 인정되지 않고 부인사실이 인정되는

---

212) 안철상, 앞의 글, 39쪽

경우, 그 판단은 「원고의 주장사실(청구원인사실)을 인정할 증거가 없다.」고 하는 것이 원칙이고, 이러한 설시 없이 곧바로 「반대증거에 의하면 반대사실을 인정할 수 있으므로 원고의 주장(청구원인)은 이유 없다.」라고 설시하면 잘못된 것이다. 예를 들어 원고의 대여금 청구에 대해 피고가 투자금이었다고 간접부인을 하는 경우, 「대여사실을 인정할 증거가 없다.」는 설시 없이 「을 제○호증의 기재에 의하면, 피고가 원고로부터 이 사건 돈을 투자받은 사실을 인정할 수 있으므로, 원고의 대여 주장은 이유 없다.」라고만 설시하면 부적절하다.

4) 『항변에 유사한 주장』은 그것이 나름대로 중요한 의미를 갖거나 당사자가 매우 중요하게 생각하고 소송에 임하였을 때에는 항변에 준하여 판단해 주는데 다음과 같은 2가지 방식으로 설시할 수 있다.

가) 먼저, 별도의 항목이 아니라 해당 부분에 대한 판단에 결합해서 설시하는 방법이다.

[기재례]

> 나아가 이자 또는 지연손해금채무가 딸린 채무에 대한 법정변제충당의 경우에는 민법 제479조 제1항이 우선 적용된다. 한편 이 사건 지급금의 지급 당시 위 물품대금채무와 위 차용금채무의 이행기가 모두 도래하였고, <u>주채무자가 변제자인 경우에 변제자 이외의 사람이 발행한 약속어음이 담보로 제공된 채무와 그렇지 않은 다른 채무 사이에는 변제이익이 차이가 없으므로 피고가 위 물품대금채무의 지급을 위하여 약속어음을 발행하였는지 여부에 상관없이</u> 이율이 연 6%인 위 물품대금 원본채무보다 이율이 연 10%인 위 차용금 원본채무가 변제자인 김수리에게 변제이익이 더 많은 채무에 해당한다.

나) 다음으로 소제목이나 괄호를 활용하여 별도의 항목으로 설시하는 방법이다. 보통 청구원인의 판단을 마친 다음이나 다툼이 있는 쟁점의 판단 다음에 '피고의 주장에 관한 판단'이라는 항목으로 설시하는 경우가 많다.

[기재례]

> 2. 피고의 주장에 관한 판단

피고는, 주문 기재 건물이 무허가로 건축된 건물이어서 관습상의 법정지상권이 성립할 수 없다고 주장한다.
그러나 건물이 무허가 미등기 건물이라 하더라도 그 원시취득자가 관습상의 법정지상권을 취득할 수 있으므로, 이와 전제가 다른 피고의 주장은 이유 없다.

제3절 판 단

1. 판결서의 논증방식

가. 각 주장 차원에서의 논증: 삼단논법

각 주장(공격방어방법) 차원에서 논증은 기본적으로 삼단논법의 구조를 갖는다. 즉 확정된 '사실'을 소전제로 하고 거기에 대전제인 '법규나 법리'를 적용하여 당사자가 주장하는 결론인 '법률효과'에 도달할 수 있는가의 여부를 판단하는 구조이다. 따라서 당사자들이 주장하는 '법률효과'의 직접적 근거는 '요건사실'로 집약된다.

나. 논증의 기본원리

1) 법률요건에 따른 논증

청구원인과 항변을 판단하는 각 단계에서 법원이 인정한 사실을 설시할 때에는, 각 단계에서의 법률요건을 정확히 파악한 다음 이에 부합하도록 필요한 요건사실만을 누락 없이 설시하여야 하고, 이를 그르쳐서 필요한 요건사실의 설시를 빠뜨리거나,[213] 그 다음 단계인 상대방이 주장할 요건사실의 부존재까지 미리 한꺼번에 설시하면 아니 된다.[214]

증명책임분배의 원칙에 입각하여 요건사실을 빠짐없이 확인하고 결론을 도출하는 판단과정 자체는 제2방식에서도 생략되어서는 안 될 것이다. 오히려 그와 같은 판단과정을 거친 후 단지 이유의 설시방법만을 간략하고 설득력 있게 하려는 것임을 잊어서는 아니 된다.

---

213) 예컨대, 불법점유로 인한 인도를 구하는 사건에서 피고의 점유사실에 관한 설시를 누락한 경우

214) 예컨대, 대여금청구사건의 청구원인에서 아직 피고가 변제하지 아니하고 있다는 사실을 설시하거나, 불법점유로 인한 인도청구사건의 청구원인에서 피고에게 점유권원이 없다는 사실을 설시한 경우 등

2) 비약 없는 단계적 논증

가) '사실'과 '법률효과'의 준별

법률효과의 발생 여부에 관하여 다툼이 있는 경우 증거에 의하여 사실관계를 판단하고, 그로부터 법률효과의 발생 여부를 판단하는 구조로 설시하여야 한다.

법률효과를 긍정하는 경우, 그러한 판단에 앞서 먼저 당사자가 주장하는 요건사실(필요하다면 간접사실도 포함한다)이 인정된다는 뜻을 설시하여야 하고, 이러한 설시 없이 바로 법률효과(권리의무)의 존재를 설시하여서는 아니 된다. 예컨대, 「…(증거)에 의하면 대물변제한 사실이 인정된다.」라든지, 「…(증거)에 의하면 피고가 …의 채무를 부담하고 있는 사실을 인정할 수 있다.」라는 식으로 판시하여서는 아니 된다. 이와 같은 판시는 삼단논법의 결론만을 표시한 것이기 때문이다. 위 대물변제의 설시에서는, '본래의 급부와 다른 급부를 한 것'과 '그것으로써 본래의 급부에 갈음한다는 뜻의 합의가 성립한 것'이 대물변제의 요건사실이므로, 먼저 증거에 의하여 이 두 가지 사실을 인정한 다음 그 사실에 법률을 적용하여 비로소 대물변제라는 법률적 평가가 결론으로 등장하도록 하여야 한다.

법률효과를 부정하는 경우에도, 그러한 판단에 앞서 당사자가 주장하고 있는 사실이 인정되지 않는다는 뜻을 먼저 설명하여야 하고, 이를 생략한 채 곧바로 법률효과의 부존재를 설명하여서는 아니 된다. 예컨대, 「…라고 주장하나, 계약해제를 인정할 증거가 없다.」라고 설시하여서는 아니 되고, 계약해제권 발생의 요건사실 중 어느 사실 또는 해제권 행사의 요건사실인 해제의 의사표시를 한 사실 등이 증거상 인정되지 아니한다는 것을 명시하여야 한다.[215)]

나) 간접사실 ⇨ 주요사실

사실인정은 주요사실을 중심으로 설시함이 원칙이나, 간접사실을 설시하고 그로부터 주요사실을 추인하여야 하는 경우도 있음은 앞에서 본 바와 같다.[216)]

---

215) 다만 「판결서 작성방식에 관한 권장사항」 제11조 제1항에서는 "필요한 경우에는 법률판단이 내포된 사실인정을 함으로써 법률판단을 생략할 수 있다."고 규정하고 있으므로 사실인정의 내용으로 법적 평가가 내포된 법률용어를 사용하는 것도 가능하다. 기재례는 앞에 있는 2장 1절 1. 나. 3) 부분 참조

간접사실을 통한 주요사실의 인정에 있어서는 법적 논증이 작용한다. 간접사실을 소전제로, 경험칙을 대전제로 하는 삼단논법에 의하여 주요사실을 인정하는 것이다. 이 경우에는 요건사실의 인정 여부가 결론이 되고, 이를 뒷받침하는 간접사실이나 사정이 근거가 된다.

예를 들어 본다. 원고가 2022. 1. 1.자 매매를 원인으로 소유권이전등기를 청구하면서, 민법 제126조 표현대리 주장을 한 경우 그 요건사실 중 '상대방이 대리인에게 기본대리권을 넘은 법률행위를 할 권한이 있다고 믿을 만한 정당한 이유가 있다'는 사실을 인정함에 있어서는, ⓐ 대리인이 본인의 인감증명서, 등기권리증, 인장 등 부동산의 처분에 필요한 일체의 서류를 구비하여 소지하고 있었던 점, ⓑ 대리인이 본인과 사이에 그러한 서류들의 입수가 용이한 신분관계에 있지 아니한 점 등의 사실 또는 사정이 근거로 설시되어야 한다.

다. 효과적인 논증방법

1) 실무상 문제로 지적되는 방식

가) 미괄식 문장

논리적 추론 과정을 기재할 때 종래에는 주로 미괄식 문장을 사용하였다. 이는 우리말 구조가 미괄식 문장 형태로 되어 있다는 점과 판결서의 논증체계가 '대전제-소전제-결론'이라는 3단 논법을 따르고 있어 미괄식 문장과 어울린다는 점 때문으로 생각된다. 하지만 요건사실 또는 결론을 내리기 위한 근거로 내세우는 간접사실이 길고 복잡할 때에는 미괄식 구조를 사용하면 문장 구조가 복잡해지고 호흡도 길어져서 단숨에 읽고 이해하기가 어렵게 된다.[217)]

어떠한 판단의 논거로 4개의 사정(①, ②, ③, ④)이 존재하는데, 그중 ①, ②, ③은 실질적으로 하나의 논거를 뒷받침하는 하위 논거들에 해당하고, 나머지 ④는 독자적인 논거에 해당하는 경우를 가정해 보자. 실무상 이러한 경우에도 하나의 문장 안에 논거

216) 자세한 내용은 앞에 있는 2장 1절 3. 나. 2) 부분 참조

217) 새로 쓰는 민사판결서, 111쪽

와 결론을 단순 나열하는 방식을 취하기도 한다.

[미괄식]

① ~점, ② ~점, ③ ~점, ④ ~점 등에 비추어 보면 ~라고 할 것이다.

논거 결론

그러나 이러한 방식은 논거 상호 간의 관계나 논거를 종합하여 결론에 이르는 논증 과정을 효과적으로 전달하는 데 한계가 있다.

나) 사실인정과 판단간의 물리적 간격

실무상 제2방식을 취하면서, 기초사실 항목에서 경위사실이나 간접사실들까지 장황하게 나열해 놓고 뒤에 가서 판단 부분에서는 「앞서 기초사실에서 인정한 바와 같이 피고가 …한 사실이 인정되므로」라는 방식으로 설시하기도 한다. 이러한 방식에서는 사실과 판단 사이의 거리가 멀어져, 판단 부분을 읽다가 다시 페이지를 앞으로 넘겨 기초사실의 해당 부분을 찾아야 하는 등 논증의 효과성 측면에서 문제가 있다.[218]

2) 제안하는 방식

가) 두괄식 문단구성과 독립된 문장 사용

글의 머리에 논리적 추론과정과 그에 따라 인정된 결론을 설시하고 그 아래에 이를 뒷받침하는 근거들을 열거하여 기재하면 판결을 이해하기 쉬워지는 경우가 많다.

아울러 모든 논거를 하나의 문장 안에 담는 대신, 각각의 논거마다 독립된 문장을 사용하고, 하나의 논거 안에서도 사실이나 생각 단위로 문장을 짧게 끊는 것이 효과적이다.

---

218) 새로 쓰는 민사판결서, 121쪽

[두괄식]

앞서 든 각 증거에 변론 전체의 취지를 종합하여 인정되는 아래 사정에 비추어 보면, 이 사건 규정이 원고들에게 부당하게 불리한 조항으로 불공정하여 무효라고 보기 어렵다.	➡ 결론
① ~~필요성이 인정된다. ② ~~할 의무가 없다. ③ ~~지급하고 있다.	⇨ 논거

사건의 내용에 따라 미괄식을 취하는 것이 효과적인 경우도 있을 것이다. 그러나 미괄식을 취하는 경우에도, 논거의 개수나 내용이 많다면 하나의 긴 문장 안에 논거와 결론을 모두 나열하는 방식만큼은 피하는 것이 좋을 것이다.

나) 논리적 연관관계 표시

두괄식을 취하면서 논증의 흐름을 무시한 채 결론 다음에 논거를 단순 나열하는 것은 경계하여야 한다.

판결서에서 논증은 본질적으로 '증거 ⇨ 간접사실 ⇨ 사정 ⇨ 요건사실 ⇨ 법률적용 ⇨ 법률효과' 식의 순차적인 논리 흐름을 가지는데, 두괄식을 취하면서 논거를 단순 나열함에 그친다면, 오히려 논리적 연관관계를 파악하기 어렵게 될 수 있다.

필요한 경우에는 논리성 확보를 위하여, 논거를 체계적으로 분류·배열하면서 논거 사이의 상호관계나 논거로부터 결론에 이르는 추론과정을 적절히 표시해 주는 것이 좋다.

다) 적절한 소제목 활용

논거로 기재하여야 할 사실 또는 사정이 많은 경우에는 이들을 체계화하여 관련된 항목들끼리 묶고 적절한 소제목을 붙여 안내 역할을 하도록 하는 것이 좋다. 다만 지나치게 소제목을 많이 나누면 판결서가 조잡하게 보일 수 있으므로 지나침은 피해야 한다.[219)]

---

219) 새로 쓰는 민사판결서, 116쪽

[기재례]

3. 인정사실

가. 원고들과 피고 사이의 위촉계약

나. 피고의 보수규정

다. 피고의 라이프 적립금 지급조건 및 원고들의 적립금액

라. 피고의 PB 환수규정, PI 지급중단규정 및 원고들의 환수금액

라) 사실인정과 판단의 원칙적인 연속 설시[220)]

사실인정은 그에 적용되는 구체적 법리와 그에 따른 법률효과를 결정하고, 법률적 판단은 이를 위한 사실인정의 내용과 범위를 정하게 한다. 따라서 사실인정과 판단 사이의 연결 관계가 쉽고 분명하게 드러날 수 있는 구조를 채택하는 것이 필요하다. 이러한 관점에서 논증과 그 전제가 되는 사실관계 사이에 물리적 간격을 줄이는 것이 논증에 대한 이해와 가독성을 높이는 방법이다.

3) 간접사실과 사정이 복잡한 경우의 논거 배치

가) 다음과 같은 경우를 상정해 본다.

요증사실은 A, B, C이다. A사실에 대한 인정근거로 a^1, a^2, a^3, B사실에 대한 인정근거로 b^1, b^2, b^3, C사실에 대한 인정근거로 c^1, c^2, c^3가 있다.

그중 a^1, a^2, b^1, b^2, c^1, c^2는 간접사실이고, a^3는 a^1, a^2로부터, b^3는 b^1, b^2로부터, c^3는 c^1, c^2로부터 추론되는 사정이다.

이러한 경우, 실무상 다음 두 가지 방식의 설시가 모두 가능하다.

① 나열식(간접사실을 일괄하여 나열하고, 이어서 사정도 일괄하여 나열하는 방식): 「a^1, a^2, b^1, b^2, c^1, c^2 사실을 인정할 수 있다. 이러한 사실들에다가 그로부터 알 수 있는 a^3, b^3, c^3 사정을 종합하면, A, B, C를 인정할 수 있다.」는 식의 구조이다.

② 묶음식(내용적·논리적 연관성이 있는 근거끼리 묶는 방식): 「a^1, a^2 사실을 인정

220) 새로 쓰는 민사판결서, 121쪽

할 수 있는데, 이러한 사실은 a^3를 뒷받침한다. 따라서 A사실을 인정할 수 있다./ b^1, b^2 사실을 인정할 수 있는데, 이는 b^3로 해석된다. 그렇다면 B사실을 추인할 수 있다./ c^1, c^2 사실을 인정할 수 있는데, 그로부터 c^3임을 알 수 있다. 따라서 C사실을 인정할 수 있다.」는 식의 구조이다.

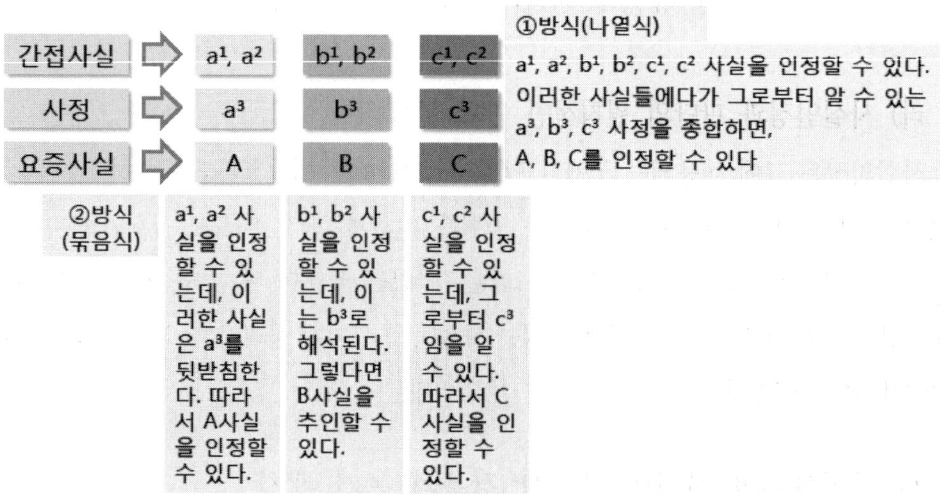

나) 일반적으로 논리적 연결성을 표시하기에는 위 ②방식(묶음식)이 유리할 수 있지만, 전체적인 사실관계를 종합하여야 비로소 도출되는 '사정'이 존재하는 경우나, 일정한 사실관계가 여러 개의 '사정'을 뒷받침하는 공통의 근거로 활용되는 경우 등에는 ①방식(나열식)이 효과적일 수 있다.

다) 위 ②방식(묶음식)에 관하여, 구체적으로 다음과 같은 방법에 따라 판단 논거(요소)[221]를 분류·배열하면 효과적일 것이다.

첫째, 결론에 이르는 논리 과정을 분석하여 결론을 직접 뒷받침하는 논거별로 한 덩어리씩 묶고, 필요한 경우 각 덩어리 내에서 소결론에 이르는 세부적인 사실인정과 추론을 한다. 이때 판단의 근거가 되는 사실과 사정 등을 내용적·논리적 상관성이 높

221) 증거관계에 대한 판단, 증거에 따라 직접 인정하는 사실, 그 사실로부터 추인·추론되는 정황, 법적인 평가, 제시된 증거로 직접 알 수 없는 소송의 경과, 상대방이 내세운 반대 간접사실 등

은 것들끼리 묶는다.

둘째, 하나로 묶인 사정 등은 적절한 목차와 문단 나누기를 통하여 다른 묶음과 구분되게 한다.

셋째, 구체적인 사실관계를 포함하는 내용의 경우, 우선 시간적 순서로 배열하는 기준을 생각해 볼 수 있고, 이와 병행하여 논리적 판단순서를 함께 고려한다.

① 미괄식1

……(증거)를 종합하여 인정되는 사실관계와 그로부터 추론할 수 있는 사정은 다음과 같다. 즉, ① ……한 점, ② ……한 점, ③ ……한 점 등이다[…… 등이 그것이다]. 이에 의하면 원고와 피고 사이에 ……라는 묵시적 계약이 체결되었다고 볼 수 있다.

② 미괄식2

앞의 기초사실 (2)~(5)에다가 갑 1, 6호증의 각 기재, 乙에 대한 사실조회 결과에 변론 전체의 취지를 종합하면 다음과 같은 사실 또는 사정을 인정할 수 있다.

① a증언은 ……한 점에 비추어 믿기 어려운 반면 b서증은 원고의 주장에 부합하는 표시가 되어 있다. 이와 같은 증거들은 상호 모순된다.

② 한편, ……하였음을 알 수 있다. 또한 ……라고 보는 것이 합리적이다.

③ 원고는 ……하였고, 그에 따라 ……투자가 이루어졌을 뿐만 아니라 ……라는 시설이 건립되기까지 하였다. 이러한 사실에 비추어 ……라 봄이 타당하다.

이에 의하면 원고와 피고 사이에 ……라는 묵시적 계약이 체결되었다고 보아야 한다.

③ 두괄식

……(증거)를 종합하여 인정되는 다음의 사실 또는 사정에 의하면 원고와 피고 사이에 ……라는 묵시적 계약이 체결되었다고 봄이 타당하다.

① ……하였다.

② ……함을 알 수 있다.

③ ……이라 볼 수 있다.

라. 배척판단의 유형별 검토

당사자의 주장을 받아들이지 않는 경우, 그 이유를 설득력 있게 설시하는 것이 판결문의 당사자에 대한 설득과 답변 기능에 부합하는 것이다. 새로운 작성방식에 의한 판결문의 간이화가 주목받는 추세이기는 하나, 당사자의 주장을 배척하는 결정적 이유를 유형적으로 분석하여, 적합한 방식에 따라 배척근거를 적절히 설시함이 타당한 이유이다.

1) 주장 자체가 이유 없어 배척하는 경우

가) 주장 자체에 요건사실 중 일부가 누락되어 법률효과가 발생하지 않을 때 사실판단 없이 법률판단만으로 주장을 배척할 수 있는데, 이 때 「……(누락된 요건사실)에 대한 주장·증명이 없는 이상 그 주장 자체로 이유 없다.」는 취지로 누락된 요건사실을 특정하여 설시하는 것이 바람직하다. 또한 경우에 따라서는 인정되는 요건사실을 기재하여 줄 수도 있다.[222]

나) 당사자가 법률적으로 근거가 없는 주장을 하는 경우는 당사자의 주장이 극히 기초적인 법리에 비추어 보더라도 항변사유에 해당하지 아니함이 분명한 때에는 판단하지 아니하는 경우가 대부분이겠으나, 그것이 나름대로 중요한 의미를 갖거나 당사자가 매우 중요하게 생각하고 소송에 임하였을 때에는 항변에 준하여 판단해 준다. 이 경우 설시 방법에 관하여는 2장 2절 4. 다. 부분 참조

2) 요증사실을 배척하는 경우 - 일반적인 경우

주장 자체는 소정의 법률효과에 관한 요건사실을 모두 포함하고 있으나, 그 요건사실의 전부 또는 일부가 인정되지 않는 경우, 일반적인 기재례는 2장 1절 3. 다. '사실이 인정되지 아니한 경우의 설시방법'의 해당 부분을 참조하면 된다. 앞서 설명한 바와 같이 배척증거, 부족증거는 원칙적으로 배척한 이유를 구태여 기재하지 아니한다.

---

222) 이는 2장 2절 2. 나. 2) 다) 부분 이하에서 살펴본 바와 같다.

3) 요증사실을 배척하는 경우 - 이유 상세 설시의 경우

가) 분쟁성이 강한 사건에서 객관적으로 주장사실을 인정할 증거가 되지 못하더라도 제출당사자가 증거가 된다고 생각하여 제출한 경우라면 그 증명력에 대하여 아무런 답을 하지 않기 보다는 해당 증거의 증명력이 부족하다고 판단하는 이유를 간략하게라도 적어주는 것이 좋다.[223] 또한 반대증거에 비추어 배척할 경우, 치열하게 다투어지는 쟁점에 대한 판단이라면 어떠한 이유로 반대증거가 더 신빙성이 있다고 본 것인지에 관한 실질적 논증이 필요할 수 있다.

[기재례]

「……라고 주장하나, 이에 부합하는 듯한 증인 甲의 증언은 을 1, 2호증의 각 기재 및 변론 전체의 취지에 의해 인정되는 ……사실, ……사실에 비추어 볼 때 믿을 수 없고, 달리 이를 인정할 만한 증거가 없다.」

「……라고 주장하나, 갑 1호증의 기재에 의하면 ……사실이 인정될 뿐이어서 원고 주장사실을 인정하기에 부족하고, 달리 이를 인정할 증거가 없다.」

「……라고 주장하나, 이에 부합하는 듯한 증인 甲의 증언은 증인 乙의 증언과 상반되는데, 을 1, 2호증의 각 기재 및 변론 전체의 취지를 종합하여 인정되는 ……점, ……점 등에 비추어 보면 증인 甲의 증언은 믿을 수 없고, 달리 위 주장사실을 인정할 만한 증거가 없다.」

나) 간접사실에 의하여 요증사실의 존재가 어느 정도까지 추측될 수 있는 경우라면, 부합 간접사실을 기재한 다음, 부합 간접사실에도 불구하고 주요사실이 인정되지 않는다고 판단한 실질적 근거를 설시하는 것이 더 설득력 있을 수 있다. 그 실질적 근거란, 부합 간접사실 자체의 문제점(주요사실 추론에 부적합·부족, 상호 모순, 정합성 결여)을 지적하는 내용일 수도 있고, 반대 간접사실일 수도 있다. 다만 부합 간접사실과 반대 간접사실을 병존적으로 기재함에 따라 발생할 수 있는 오해를 방지하기 위하여 제목으로 배척하는 사실관계 등을 표시하는 것이 효과적일 수 있다.[224]

한편, 당사자가 주장하는 부합 간접사실의 전부 또는 일부가 인정되지 않는 경우,

---

223) 새로 쓰는 민사판결서, 119쪽

224) 새로 쓰는 민사판결서, 112~113쪽, 2장 1절 3. 라. 2) 부분 참조

해당 부합 간접사실이 인정되지 않는 취지나 그 이유까지 기재할 필요는 없을 것이다. 다만 해당 간접사실의 존재 여부가 주요사실의 존재 여부에 결정적인 영향을 미치는 경우 등 그에 대한 판단이 필요한 경우도 있을 것이다.

[기재례]

가. 주장의 요지

나. 판단

아래 1)항과 같은 각 사정에 비추어 보면 아래 2)항에서 인정한 사실관계와 갑 5 내지 7호증의 각 기재, 증인 M, K의 각 증언만으로는 이 사건 공사계약 당시 피고가 이 사건 공사계약의 당사자를 B건설이 아닌 원고로 알고 있었다고 인정하기에 부족하다.

1) 원고의 주장을 배척하는 사실관계

① 이 사건 공사계약서 상 계약당사자는 B건설과 피고로 기재되어 있고, 원고는 이 사건 공사계약 당시 B건설의 전무라는 명칭을 사용하였다.

② 피고는 원고 명의 예금계좌로 송금한 3억 8,000만 원을 초과한 4억 8,000만 원을 B건설 명의 예금계좌로 송금하였다.

③ 피고는 2022. 4. 28. B건설에 3억 2,000만 원을 송금하였다가 2022. 4. 29. 아직 기성고 공사대금 지급일이 도래하지 않아 위 3억 2,000만 원을 반환받기도 하였는데, 이에 대하여 B건설에 위 수표를 보관하고 있다는 취지의 내용이 포함된 확인서를 작성하여 주었다.

④ B건설은 2022. 9. 19. 피고에게 이 사건 공사계약상 나머지 공사대금을 지급해 달라는 내용이 포함된 문서를 보냈다.

⑤ 피고는 2022. 9. 28. B건설에 이 사건 공사의 하자보수 및 미시공 부분 이행을 요청하였다.

2) 원고의 주장에 일부 부합하는 사실관계

① 원고와 피고가 이 사건 공사계약을 체결하였다.

② 피고가 이 사건 공사계약 상 공사대금 중 일부로 원고 명의 예금계좌로 3억 8,000만 원을 송금하였다.

③ 피고는 2023. 7. 26. 원고에게 이 사건 공사의 하자보수를 요청하였다.

4) 요증사실을 인정할 때 반증에 대한 배척판단

전통적인 방식은 본증에 의하여 주장사실을 인정하는 경우에는 반증의 배척 설시 또는 반증이 되기에 부족하다는 설시를 한다.[225]

「판결서 작성방식에 관한 권장사항」에 의하면 본증에 의하여 주장사실을 인정하는 경우에 반증의 배척 또는 반증이 되기에 부족하거나 반증이 없다는 기재는 생략할 수 있고, 실무상으로도 그렇게 행하는 경우가 많다.

그러나 상대방이 제시하는 방해요소들에 대한 판단이 중요 쟁점이 되는 경우에는 적극적으로 방해요소에 대한 배척 또는 부족 판단을 한 실질적 이유까지 기재해 주는 것이 바람직하다. 또한 처분문서는 그 진정성립이 인정되는 이상 합리적인 이유 설시 없이 그 의사표시에 따른 법률효과를 배척하여서는 안 된다는 것이 판례[226]이므로 실질적 증거력을 배척하는 경우 등과 같이 실질적 배척근거의 설시가 법리상 반드시 필요한 경우도 있다.[227]

마. 판단 순서의 문제

1) 복수 당사자 사이의 판단 순서

여러 명의 피고에 대한 청구 또는 여러 명의 원고가 제기하는 청구가 서로 실체법상 양립할 수 없는 경우[228]에 이러한 청구를 병합하여 하나의 소로 제기할 수 있고, 그

---

225) 기재례
「……(반증)은 믿기 어려우며, ……(부족증거)는 위 인정에 방해가 되지 아니한다.」
한편, 간접반증이 성공하지 못한 경우의 기재례는 앞에 있는 2장 1절 3. 나. 3) 부분 참조

226) 대법원 1984. 1. 31. 선고 83다카1034 판결

227) 자세한 내용은 앞에 있는 2장 1절 3. 다. 3) 부분 참조

228) 법률상 양립할 수 없는 경우에 해당하는 전형적인 사례로는 ① 갑의 대리인 을을 통해 계약을 했으나 을에게 대리권이 있는지 여부가 분명하지 않아 갑에 대하여는 계약상의 청구를, 을에 대하여는 무권대리인에 대한 손해배상청구를 하는 경우, ② 갑이 을에게 채권(채무자는 병)을 양도하였으나 채권양도의 효력발생이 분명하지 않아 갑은 병을 상대로 본래의 청구를 하고, 을은 병을 상대로 양수금 청구를 하는 경우, ③ 공작물의 설치·보존에 하자가 있음을 이유로 점유자를 주위적 피고로, 그것이 인용되지 아니할 경우를 대비하여 소유자를 예비적 피고로 하는 경우를 들 수 있다(법원실무제요 민사소송[Ⅰ], 2017, 370쪽).

병합은 예비적 또는 선택적으로 할 수 있으며, 공동소송인 사이에는 필수적 공동소송에 관한 규정을 준용한다(제70조 제1항).

예비적 공동소송의 경우에는 주위적 당사자의 청구 또는 주위적 당사자에 대한 청구부터 판단하여야 한다.

다만 예비적·선택적 공동소송의 판결서를 작성하는 경우에는 주위적 당사자의 청구 또는 주위적 당사자에 대한 청구가 인용되거나 선택적 당사자의 청구 또는 선택적 당사자에 대한 청구 중 하나가 인용되는 경우에도 나머지 당사자의 청구 또는 나머지 당사자에 대한 청구에 관하여 판단하여야 한다(같은 조 제2항).[229]

2) 복수 청구 사이의 판단 순서

가) 단순병합

단순병합의 경우에 청구별로 단원을 나누어 쓸 때에는 그 청구들이 서로 관련되지 아니한 한 어느 청구부터 판단하든지 관계없다. 그러나 단순병합의 경우에도 그 청구들이 서로 관련될 때에는 논리적 순서에 따라 판단하는 것이 좋다. 즉, 어느 청구에 대한 판단이 다른 청구에 대한 판단의 전제가 된다거나, 어느 청구가 소송의 주목적이고 다른 것은 종된 것이라고 할 때에는 그 순서에 따르게 된다. 예컨대, 인도와 부당이득반환을 구할 때에는 인도부터, 원상회복과 손해배상을 구할 때에는 원상회복부터 판단하는 것이 타당하다.

나) 예비적 병합

예비적 병합의 경우에는 주위적 청구부터 판단하고 그 청구가 이유 없을 때에만 예비적 청구에 대하여 판단하여야 한다.

다) 선택적 병합

선택적 병합의 경우에는 그중 어느 것이든 인용하는 것 하나만 판단하면 되고, 청구

---

229) 기재례
「원고의 주위적 피고 A에 대한 청구는 이유 있으므로 이를 인용하고, 주위적 피고 A에 대한 청구가 모두 인용되는 이상 이와 법률상 양립할 수 없는(또는 이와 주관적·예비적 관계에 있는) 원고의 예비적 피고 B에 대한 청구는 이유 없으므로 이를 기각한다.」

를 전부 기각할 때에는 모두 판단하되 순서는 정해져 있지 않다. 다만, 원고가 양립할 수 있는 여러 개의 청구를 '주위적 청구, 예비적 청구' 또는 '제1차적 청구, 제2차적 청구' 등으로 순위를 붙여 청구하는 경우가 있는데(이를 '부진정 예비적 병합' 또는 '순위를 정한 선택적 병합'이라 부른다), 이 경우 실무례는 당사자가 구하는 순서대로 판단을 하고 있다.

3) 복수 주장 사이의 판단 순서

가) 공격방법과 방어방법 사이: 「청구원인 → 항변 → 재항변 → 재재항변」의 단계적 판단

청구원인사실의 존부에 대한 판단을 하지 아니한 채 피고의 항변이 이유 있다고 하여 원고의 청구를 기각하는 판시방법, 피고의 항변에 대한 판단을 하지 아니한 채 원고의 재항변이 이유 있다고 하여 원고의 청구를 인용하는 판시방법은 논리적인 판단순서를 뒤바꾼 것으로서 피하여야 한다.

나) 공격방법 사이

원고의 청구(소송물)는 하나이지만 그 청구를 이유 있게 하는 주장(공격방법)이 여러 개 있는 경우 그 판단 순서를 어떻게 할 것인지 문제된다.

(1) 원고가 스스로 주위적 주장, 예비적 주장으로 정하여 주장하고 있을 때는 이에 따른다.

(2) 그렇지 아니하면서도 양립될 수 없는 주장을 하는 때에는 원고에게 보다 유리한 주장으로부터 덜 유리한 주장의 순서로,[230] 일반적인 법률효과의 주장으로부터 특별한 법률효과의 주장 순서로,[231] 선행적인 것으로부터 후행적인 것으로[232] 판단하는 것이

---

230) 예컨대, 변제자가 법정대위와 임의대위를 주장한 때에는 임의대위(민법 제480조 제1항, 제2항)가 더 불리하므로(민법 제485조) 법정대위부터 판단한다.

231) 예컨대, 대리인으로부터의 매수 주장, 표현대리와 무권대리추인 주장 등을 한 때에는 대리 주장 → 표현대리 주장 → 무권대리추인 주장의 순으로 판단한다.

232) 예컨대, 이전등기의 말소를 구하면서 그 원인으로 매매계약의 무효, 취소와 해제 등을 주장한 때에는 무효 → 취소 → 해제 주장의 순으로 판단한다.

논리적이다.

(3) 이러한 논리적 순서가 없을 때에는, 어떠한 주장은 받아들여지고 어떠한 주장은 전부 또는 일부가 배척된다면 받아들이는 주장만 판단하고 나머지 주장은 판단할 필요가 없다.

다) 방어방법 사이

(1) 피고의 항변이 여러 개일 경우, 원고의 청구를 이유 없게 하는 효력이 강한 것으로부터 약한 것의 순서로 판단하는 것이 합리적이다.

예컨대, 원고의 인도청구에 대하여 피고가 원고로부터 매수하였다는 항변과 동시이행의 항변이 각각 제출된 경우에는, 그 항변이 받아들여질 때 원고의 청구가 전부 기각될 매수의 항변부터 판단해야 한다. 매수의 항변이 받아들여지면 동시이행의 항변은 판단할 필요가 없게 된다.

이러한 판단 순서는 가사 피고가 명시적으로 이와 반대되는 순위를 붙였더라도 이에 구애받지 않고 적용되어야 할 것이다.

(2) 원고의 청구를 이유 없게 하는 효력의 정도가 같은 경우에는 논리적 선후에 따라 판단하여야 한다. 즉, 권리장애사유(무효 등)로부터 권리소멸사유(취소, 해제, 변제, 소송 외 상계 등), 권리행사저지사유(기한유예, 동시이행 등)의 순서로 판단하여야 하며, 같은 종류의 여러 항변 중에서는 피고에게 보다 유리한 것으로부터 덜 유리한 것의 순서로,[233] 일반적 요건으로부터 특별요건의 순서로,[234] 시간상으로 앞선 것으로부터 나중 것의 순서로[235] 판단하는 것이 좋다.

(3) 소송상 상계의 항변은 다른 항변이 모두 이유 없을 때 비로소 판단한다. 상계의 항변에는 자동채권의 소멸이라는 희생이 수반되는 관계로 피고의 이익을 고려하여야 하기 때문이다. 따라서 권리행사저지사유인 기한유예 등의 항변보다도 뒤에 판단하여

---

233) 취소의 판단 후에 해제의 판단, 해제의 판단 후에 변제의 판단 등

234) 무능력에 의한 취소의 판단 후에 사기에 의한 취소의 판단 등

235) 전후 여러 번에 걸친 변제 판단의 경우

야 한다. 다만, 원고의 권리의 존재를 전제로 하여 반대권리를 주장하는 동시이행의 항변보다는 먼저 판단한다는 점에 유의할 필요가 있다.

(4) 예를 들어, 원고가 피고로부터 어떤 부동산을 매수하였다고 주장하여 소유권이전등기와 부동산 인도를 청구함에 대하여 피고가 다음과 같은 여러 개의 항변을 제출하였다고 하자.

이 경우 앞에서 설명한 바에 따라 판단순서를 적어 보면 다음과 같다.

① 의사무능력을 이유로 한 무효의 항변

② 불공정행위를 이유로 한 무효의 항변

③ 미성년자의 행위였음을 이유로 한 취소의 항변

④ 착오를 이유로 한 취소의 항변

⑤ 약정해제권에 의한 해제의 항변

⑥ 채무불이행을 이유로 한 해제의 항변

⑦ 소멸시효의 항변

⑧ 매도 후 원고로부터 다시 임차하였다는 항변(인도청구에만 걸림)

⑨ 매도 후 원고의 표현대리인으로부터 다시 임차하였다는 항변(인도청구에만 걸림)

⑩ 동시이행의 항변

2. 판단기준 및 법리 제시 방법

가. 개요

'판단' 단계에서 '판단기준 또는 관련법리의 설시 ⇨ 당해 사건에 있어서의 인정사실 내지 사정 등 근거 제시 ⇨ 법률효과의 발생 또는 불발생의 선언'이라는 3단계 순서에 따라 설시하되, 사안과 판단 내용에 따라 탄력적으로 처리한다. 예를 들면, 관련 법리를 근거가 되는 인정사실 다음에 설시할 수도 있다.

나. 법령의 인용

1) 법령의 적용에 의한 법률효과를 설시할 때에는 보통 적용법조를 거시하지 아니

하고 사실의 존부에 관한 판시에 이어서 바로 법률을 적용한 결과로서의 법률효과만을 적시한다. 민법 등 기본이 되는 조문의 기재는 생략하나, 특별법 조문은 기재하는 것이 보통이다.

2) 법령을 인용할 때에는 법령의 개정 여부 · 경과규정 유무에 특히 주의를 기울여야 한다. 해당 사건에서 문제되는 조문이 개정되어 개정 전의 조문을 인용할 때에는 「구 ○○○법(2023. 12. 31. 법률 제○○○호로 개정되기 전의 것, 이하 같다) 제○조」와 같이 표시한다. 다만, 법령 중 일부 조문이 개정되었다 하더라도 해당 사건에서 문제되는 조문 자체는 개정되지 않았다면 현행 법령 그대로 인용하면 된다.

3) 인용할 조문이 비교적 많은 경우 인용할 조문의 원문 전부는 판결서 본문이 아니라 판결서 별지에 기재하는 것이 보통이다.

다. 판례의 인용

1) 인용 여부의 결정

대법원 판례의 경우 인용의 필요성, 관련성 등을 신중하게 검토하여 인용 여부를 결정한다(쟁점과 직접적으로 관련이 없는 판례, 널리 알려진 기초적인 판례는 인용하지 않는 것이 좋다).

헌법재판소 결정례는 대법원 판례에 준하여 처리하면 된다.

하급심 판결례는 특별히 선례성이 높은 경우를 제외하고는 기재하지 않는 것이 보통이다.

2) 인용의 적합성 검토

판례를 인용할 때는 해당 판단에 적합한 판례인지를 먼저 검토하여야 한다. 이를 위해서는 판례의 요지만 보아서는 안 되고, 판례의 사실관계를 파악하여 해당 사안과 일치하거나 유사한 사안인지, 배치되거나 동떨어진 부분은 없는지 살펴볼 필요가 있다. 이와 관련하여 사건의 특수성에 대한 깊이 있는 고찰을 하지 아니한 채 대법원 판례를 기계적으로 적용하여 형식적인 결론을 내리는 일이 없도록 특히 유의할 필요가 있다.

3) 복수 판례 존재시의 선택 요령

가) 제시된 관련법리의 요지가 같고 유사한 사실관계를 포함한 여러 개의 판례 중에서는 되도록 해당 사안과 결론이 같은 판례를 인용하는 것이 좋다.

나) 공보에 게재되거나 게재되지 않은 것 중에서는 공보에 게재된 판례, 동일한 내용의 여러 판례 중에서는 최신 판례를 인용하는 것이 좋다.

4) 판례의 표시방법

판례는 해당 설시 내용을 기재한 다음 괄호 안에 출처를 표시하되 그 표시방법은 다음과 같다.

① 판결: 대법원 2010. 5. 27. 선고 2006다72109 판결 참조

② 복수의 판결: 대법원 1998. 2. 27. 선고 97다19038 판결, 대법원 2010. 4. 29. 선고 2007도8411 판결 등 참조

③ 결정·명령: 대법원 2010. 1. 14. 자 2009마1449 결정 참조

④ 헌법재판소 결정: 헌법재판소 2017. 12. 28. 선고 2017헌바130 전원재판부 결정 참조

5) 인용시 주의할 점

가) 설시된 법리와 유기적 연결

판례를 인용하거나 법리를 설시한 때에는 그 판례 등에서 언급된 요건사실이나 판단 기준에 맞추어 해당 사안을 검토하여 그 결론이 도출되는 과정을 설시함으로써 앞서 선언한 법리에 따라 판단하였음을 알 수 있도록 한다. 판례를 들고도 그 이후에 기재한 해당 판단 부분에는 판례와 무관하게 설시하는 것은 피해야 한다.

나) 발췌인용

적합한 대법원 판례를 선정하였다면, 대부분 판시를 그대로 인용할 수 있다. 이때 해당 판단과 무관한 설시는 제외함으로써 판례의 일부를 발췌하여 설시하는 방법이 가독성을 높여 준다. 예를 들면, 본문과 단서의 형태로 설시한 판례 요지를 인용하면서 단서를 적용하는 사안의 경우나 대법원 전원합의체 판결로서 원칙과 예외에 관한 설명이 모두 판시된 판례를 인용하면서 원칙만 적용하는 사안의 경우, 특히 판시사항

이 매우 긴 경우라면 주로 적용하려고 하는 부분(위 예에서 단서나 원칙)을 발췌하되 나머지는 논리적 연결성을 해치지 않는 범위에서 핵심 판시사항만 인용하는 것도 한 방법이다.

다) 수정인용

대법원 판례의 판시 중 해당 사안과 무관한 일부 표현을 제외하거나, 사안에 맞게 수정하는 것이 필요한 경우도 있다. 이때 판례의 본래 취지가 왜곡, 변질되거나 관련이 없는 사안을 억지로 끌어오는 식의 변형이 되지 않도록 세심한 주의가 요구된다. 따라서 어떠한 대법원 판례의 취지와 동일한 사안은 아니지만 판례에 비추어 그와 유사한 해당 사안의 결론을 도출한 경우 판례를 변형하거나 수정하기보다는 차라리 그러한 판례를 원문대로 원용한 뒤 이 사안의 경우에도 마찬가지로 보아야 한다는 취지를 기재하는 것도 좋은 방법이다.

라) 법령의 변동

법령의 변동(제정, 폐지, 개정)이 있었다면 변동 후의 법령에 관한 판례를 인용함이 바람직하다. 변동 전 시기의 판례를 인용함에 있어서는 변동 전·후 법령의 내용, 변동의 이유 등을 종합적으로 고려하여야 할 것이고, 변동 전 법령에 관한 판례임을 표시하여 인용함이 바람직하다.

3. 법률효과의 설시

가. 청구원인에 관한 주장을 인용하는 경우

1) 판결서의 기본형식은, 먼저 「……(증거)에 의하면 (요건사실)을 인정할 수 있다」라고 사실인정을 하고, 그에 이어 「피고는 원고에게 ……를 이행할 의무가 있다」는 법률의 적용 및 그 결과로서의 법률효과를 설시하는 구조를 취한다. 당사자 사이에 다툼이 있거나 새로운 법리가 적용되는 등의 특별한 경우가 아니면 원칙적으로 법률효과를 설시할 때에 적용법령이나 판례를 기재할 필요는 없다.

2) 손해배상청구나 부당이득반환청구처럼 청구원인이 두 단계(원인과 액수)로 구성

되는 경우에는 앞 단계의 사실확정이 끝나면 일단 그로 인한 법률효과를 정리한 후 그 다음 단계의 판단에 들어가는 것이 바람직하다.

[기재례]

……(증거)에 의하면 …… 사실을 인정할 수 있다. 따라서 피고는 이 사건 토지를 점유·사용함으로써 법률상 원인 없이 이익을 얻고, 그로 인하여 이 사건 토지의 소유자인 원고에게 같은 금액 상당의 손해를 입게 하였다고 할 것이므로, 피고는 원고에게 이 사건 토지의 점유·사용으로 인한 부당이득을 반환할 의무가 있다.

나아가 피고가 원고에게 반환하여야 할 부당이득의 액수에 관하여 보건대, ……(증거)에 의하면 …… 사실을 인정할 수 있으므로, 피고는 원고에게 부당이득금 ……원을 반환할 의무가 있다.

나. 항변을 인용하는 경우

1) 항변을 인용할 때에도 증거에 의한 사실인정에 이어 항변에 따른 법률효과를 설시하는 것이 원칙이다. 이 경우 청구원인 판단의 말미에서 「피고는 원고에게 **특별한 사정이 없는 한** ……할 의무가 있다.」는 법률효과를 설시한다.

[기재례]

……(증거)에 의하면, 원고가 2015. 11. 23. 피고에게 50,000,000원을 이자는 월 1%, 변제기는 2016. 4. 22.로 정하여 대여한 사실을 인정할 수 있다. 따라서 피고는 원고에게 특별한 사정이 없는 한 위 50,000,000원 및 이에 대한 이자 내지 지연손해금을 지급할 의무가 있다.

이에 대하여 피고는 원고의 위 대여금채권은 5년의 상사 소멸시효가 경과하여 소멸하였다고 항변한다. 살피건대, ……(증거)에 의하면 (상행위로 인한 채무인 사실)을 인정할 수 있으므로, 위 대여금채권은 변제기 이후 5년의 소멸시효기간이 경과함으로써 소멸되었다. 따라서 피고의 소멸시효 항변은 이유 있다.

2) 다만 위와 같은 방식은 이유에 상호 모순이 있는 것처럼 보일 우려가 있다는 비판이 있으므로, 항변을 받아들여 결국 청구를 배척하는 사안에서는 청구원인사실 인정에 따른 법률효과의 설시를 생략할 수도 있다. 이때 항변의 요지도 생략하는 결합형 설시를 하게 된다.[236]

[기재례]

……(증거)에 의하면, 원고가 2015. 11. 23. 피고에게 50,000,000원을 이자는 월 1%, 변제기는 2016. 4. 22.로 정하여 대여한 사실을 인정할 수 있다. 그러나 ……(증거)에 의하면 (상행위로 인한 채무인 사실)을 인정할 수 있으므로, 위 대여금채권은 변제기 이후 5년의 소멸시효기간이 경과함으로써 소멸되었다. 따라서 피고의 소멸시효 항변은 이유 있다.

3) 그러나 하나의 청구원인사실에 의한 법률효과가 둘 이상인 경우에는[237] 법률효과를 설시하는 방법으로 원고의 청구 내용을 특정해 줄 필요가 있다.

[기재례]

……(증거)에 의하면, ……(매매계약사실)을 인정할 수 있으므로, 피고는 원고에게 특별한 사정이 없는 한 위 부동산에 관하여 매매를 원인으로 한 소유권이전등기절차를 이행하고 위 부동산을 인도할 의무가 있다.

다. 청구원인이나 항변에 관한 주장을 배척하는 경우

이 경우에는 주장된 사실과 그에 따른 법률효과가 배척된 것이므로, 배척된 주장의 법률효과에 관하여 설시할 필요가 없다.

4. 주장의 당부 설시

가. 본안전항변을 배척하는 경우

본안전항변을 배척할 때에는 「……이므로 이 사건 소는 적법하다. 따라서 피고의 위 항변은 이유 없다.」라고 설시하면 된다.

236) 일반적으로는 청구원인과 항변 사이에서는 결합형 설시를 하지 않는다.

237) 예를 들어, 부동산 매수 사실이라는 하나의 청구원인사실에 의한 법률효과로 소유권이전등기청구권과 인도청구권이 발생하는 경우

나. 소송요건에 흠이 있는 경우

1) 본안전항변을 받아들이거나 직권조사 결과 소송요건에 흠이 있는 것으로 판명되었을 경우에는, 그것이 소 전체를 각하할 사유이면 판단의 종료에 이어서 바로 「그렇다면 이 사건 소는 부적법하므로 각하한다.」라고 판결 전체의 결론 부분으로 들어간다.

[기재례]

직권으로 원고 종중의 대표자로서 이 사건 소를 제기한 甲의 대표권 유무에 관하여 본다.
종중이 그 대표자를 선임하기 위한 종중총회를 소집할 경우 종장이나 문장이 선임되어 있지 아니하고 종중규약이나 관례가 없으면, 생존하는 종원 중 항렬이 가장 높고 나이가 가장 많은 사람(이른바 연고항존자)이 종장이나 문장이 되어 소집 가능한 종원들에게 소집통지를 하고, 출석한 종원들의 과반수 결의로 대표자를 선출하는 것이 우리나라의 관습이다.
그런데 ……(증거)에 의하면 ……(사실)을 인정할 수 있다. 위 인정사실에 의하면, 甲을 대표자로 선출한 원고 종중의 2020. 2. 14.자 임시총회는 적법한 소집권자가 소집하지 아니하여 적법한 종중총회로서 요건을 갖추지 못하였으므로, 그 결의에서 대표자로 선출된 甲은 원고 종중을 대표할 권한이 없다.
따라서 이 사건 소는 대표권 없는 사람이 제기한 소로서 부적법하므로 각하한다.

2) 그러나 소송요건의 흠이 소의 일부만을 각하할 사유이면 판단 부분은 일단 소가 부적법하다고 선언하는 단계에서 끝맺고, 그 부분의 소를 각하한다는 결론의 설시는 다른 부분의 본안판단까지 모두 마친 후 판결 전체의 '결론' 항목에서 하는 것이 보통이다.

[기재례]

1. 피고의 본안전항변에 대한 판단

피고는 이 사건 소 중 부당이득반환청구 부분은 판결 선고 후에 소를 취하한 종전소송과 동일하여 재소금지 원칙에 위배된다고 주장한다.

살피건대, ……(증거)에 의하면 ……(사실)을 인정할 수 있다. 위 인정사실에 의하면, 이 사건 소 중 부당이득반환청구 부분은 종전소송과 당사자 및 소송물이 동일하다고 할 것이고, 결국 위 부당이득반환청구 부분은 원고가 본안에 관한 종국판결이 있은 뒤에 소를 취하하였다가 다시 동일한 소를 제기한 경우에 해당하므로 민사소송법 제267조 제2항에서 규정한 재소금지의 원칙에 저촉되어 부적법하다. 따라서 피고의 위 항변은 이유 있다. (소각하 결론의 설시는 전체의 결론 항목에서 함)

다. 청구원인에 관한 주장을 받아들이는 경우

일반적으로 청구원인에 관한 주장을 받아들이는 경우에는 법률효과를 설시하는 외에 원고의 주장에 대한 판단('원고의 주장은 이유 있다')을 별도로 설시하지는 않는다.

라. 항변에 관한 주장을 받아들이는 경우

항변에 관한 주장을 받아들이는 경우에는 앞에서 항변의 내용을 간략하게 소개한 것에 호응하여 법률효과를 설시한 후 항변의 당부에 대한 판단을 간략하게 설시하는 것이 일반적이다.

[기재례]

> 피고는 …… 항변한다. 살피건대 이 사건 계약은 해제되었으므로, 피고의 항변은 이유 있다.

마. 청구원인이나 항변에 관한 주장을 배척하는 경우

청구원인이나 항변에 관한 주장을 배척하는 경우에는 '달리 인정할 증거가 없으므로' 뒤에 '원고의 주장은 이유 없다' 또는 '피고의 항변은 이유 없다'는 설시를 하는 것이 보통이다. 이때 호응관계를 확인하여 표현할 필요가 있다.

[기재례]

> 「원고는 ……라고 주장한다. (판단) 원고의 위 <u>주장</u>은 이유 없다.」
> 「피고는 ……라고 항변한다. (판단) 피고의 위 <u>항변</u>은 이유 없다.」

제4절 결 론

1. 소결론의 활용

가. 청구원인이나 항변이 여럿이거나 쟁점이 많아서 항목을 나누어 판단하는 경우, 각 항목의 말미에 『소결론』이라는 별도 목차를 두어 해당 부분에 대한 당사자의 주장의 당부를 표시하는 방법이 있다. 이는 잘 활용하면 각 쟁점에 대한 판단을 명확히 하고 판결서의 가독성을 높이는 데 도움이 되지만, 꼭 필요하지 않은 경우에 남발하면 같은 내용을 불필요하게 반복하여 판결서가 난삽해지는 단점이 있다.

나. 앞서 한 구체적인 판단의 결과를 모아서 계산을 할 필요가 있는 경우에는 소결론이 유용하다.

[기재례]

> 이 사건 교환계약이 취소됨에 따라 피고가 원고에게 지급하여야 할 부당이득금은 299,119,045원(= ① 60,000,000원 + ② 216,052,772원 + ③ 3,743,390원 + ④ 19,322,883원)이다. 원고는 피고가 바다사우나 근저당권 피담보채무의 이자로 39,160,000원을 납부한 사실을 스스로 인정하고 있으므로, 이를 공제하면 259,959,045원(= 299,119,045원 - 39,160,000원)이 남게 된다.

다. 만일 하나의 쟁점에 대하여 소결론을 활용한다면 다른 쟁점들에 대하여도 일률적으로 소결론을 활용해야 전체결론을 설시하기 용이하다.

2. 최종 결론의 설시(청구의 당부 표시)

가. 기재방법의 개요

1) 이유 본문에서 소송물인 권리의무의 내용에 관하여 구체적인 결론을 설시하지 않았다면 최종결론에는 ① 권리의무의 내용에 대한 결론, ② 원고 청구의 당부, ③ 소송비용부담의 재판/가집행선고에 관한 이유 등을 기재한다.[238]

이 중 ③은 실무상 거의 기재하지 않는다.[239] 다만, 민사소송법 제99조, 제100조, 제102조 제2항을 적용하여 전부 승소자에게 소송비용의 전부 또는 일부를 부담시키는 경우 등 예외적인 경우에는 적용법조만을 거시할 것이 아니라 그러한 조치를 취하게 된 이유에 관하여 간략히 설명하는 것이 바람직하다.[240]

2) 본문의 각 항목에서 구체적인 소결론을 맺지 아니하여 각 청구의 인용 여부와 내용, 범위 등이 표시되지 아니하였다면 마지막의 결론 부분에서 기재하여 주어야 한다. 반면, 본문의 각 항목에서 이미 구체적인 소결론을 일일이 설시해놓았다면 다시 마지막 결론부분에서 중복 적시하는 일이 없도록 주의해야 한다.

3) 본문 및 결론의 각 항목 설시는 통일된 방식으로 하여야 한다. 예컨대, A청구와 B청구를 모두 인용하는 경우에, 본문 중 A청구의 판단 부분에서는 주문과 같은 정도의 소결론까지 설시한 반면 B청구의 판단 부분에서는 그러한 설시를 하지 아니한다면, 결론 부분에서는 어느 방식으로 설시하든 A, B 중 한쪽은 결론의 판시가 중복되거나 누락되는 결과가 되기 때문이다.

---

238) 기재례

「그렇다면 피고는 원고에게 위 차용금 50,000,000원 및 이에 대하여 위 차용일 이후로서 원고가 구하는 2021. 10. 5.부터 이 사건 소장부본 송달일임이 기록상 분명한 2021. 12. 3.까지는 약정이율인 연 10%, 그 다음날부터 다 갚는 날까지는 소송촉진 등에 관한 특례법에서 정한 연 12%의 각 비율로 계산한 이자 또는 지연손해금을 지급할 의무가 있으므로, 원고의 이 사건 청구는 이유 있어 인용하고, 소송비용의 부담에 관하여는 민사소송법 제98조를, 가집행선고에 관하여는 같은 법 제213조를 각 적용하여 주문과 같이 판결한다.」

239) 「판결서 작성방식에 관한 권장사항」 제5조: 청구취지 중 소송비용부담·가집행선고에 관한 부분 및 이에 관한 판결의 이유는 당사자가 특별히 쟁점으로 삼지 않는 한 기재하지 아니한다.

240) 기재례

①「…소송비용 중 …부분은 승소자인 원고의 불필요한 행위로 인하여 발생한 것이라고 인정되므로(또는 소송지연으로 인한 것이라고 인정되므로) 민사소송법 제98조, 제99조 전단(또는 제100조)을 적용하여 승소자인 원고가 부담하고 …」

②「…소송비용 중 …부분은 패소자인 피고의 방어에 필요한 행위로 인한 것이라고 인정되므로 민사소송법 제98조, 제99조 후단을 적용하여 승소자인 원고가 부담하고 …」

③「…소송총비용은 사건경위로 보아 채무자들이 부담하기로 하여…」(대법원 1998. 10. 13. 선고 96다42307 판결의 기재례임)

4) 권리의무의 내용에 대한 결론을 설시할 때, "이행의무의 존재 여부나 범위에 관하여 항쟁함이 타당하다고 인정되는(타당한)", "원고가 구하는 바에 따라" 및 지연손해금 근거 법령명 기재(예: "민법에서 정한 연 5%")를 생략하는 것은 부적절하다.[241] 이는 원고 청구의 인용 범위와 관련되는 것이므로 명확하게 적시할 필요가 있기 때문이다.

5) 청구원인 및 항변에 대한 '주장'은 각 공격방어방법을 의미하는 것으로, 전체 소송물을 가리키는 '청구'와는 구별하여야 한다. 따라서 소송물이 하나이고 그 소송물에 관한 원고의 주장을 '원고가 ……라고 주장하면서 피고를 상대로 ……의 지급을 청구한다'라고 정리하였다면, 호응관계상 말미에서 '원고의 청구는 이유 없다'고 표현하는 것이 자연스럽다.

한편, 소송물이 여럿이고 각 소송물에 대하여 항목을 나누어 판단하는 경우에는 보통 소제목을 '원고의 ……청구에 대한 판단'이라고 붙이는 경우가 많은데, 이때는 각 항목의 말미에서 '원고의 위 청구는 이유 없다'고 표현하는 것이 적절하다.[242]

6) 금액별로 이율이 다르거나 다수당사자 사건으로서 별지 목록을 사용하여 인용금액을 기재하지 않는 경우에는 도표를 활용하여 결론 부분을 정리할 수 있다.[243]

[기재례]

> 피고는 원고들에게 아래 [표] '인용금액'란 기재 각 손해액 및 위 각 돈에 대한 지연손해금을 지급할 의무가 있다. 지연손해금은 불법행위일 이후로서 원고들이 구하는 소장부본 송달 다음날인 2020. 10. 29.부터 피고가 이행의무의 존재 여부나 범위에 관하여 항쟁함이 타당한 이 판결 선고일인 2021. 11. 12.까지는 민법에서 정한 연 5%, 그 다음날부터 다 갚는 날까지는 소송촉진 등에 관한 특례법에서 정한 연 12%의 각 비율로 계산한 돈이다.

---

241) 간결한 판결사례집(민사), 법원도서관(2010), 38쪽

242) 그 경우 전체 결론에서는 '원고의 청구를 모두 기각한다'라고만 기재하게 될 것이다.

243) 새로 쓰는 민사판결서, 127~128쪽

[표]

구분	고유 위자료 (①)	망 이○○의 사망		망 민△△의 사망		위자료 합계 (④=①+②+③)	형사 보상금 (⑤)	인용금액 (④-⑤)
		상속분	상속액 (②)	상속분	상속액 (③)			
망 이○○								
망 민△△								
원고 A								
원고 B								
원고 C								
원고 D								
합계								

나. 기본형- 이행판결을 중심으로

1) 전부인용의 경우

가) 결론 부분에 이르기 전에 본문 부분에서 소송물인 권리의무의 내용에 관하여 구체적인 결론을 설시하지 않았다면, 결론 부분에서는 주문과 같은 내용의 구체적 결론을 기재한 후 원고의 청구와 관련지어 이를 인용한다는 설시를 한다. 이때 본문 부분에서 언급되지 않았던 사소한 사항에 관한 법률적 판단을 곁들이는 것이 보통이다.

[기재례]

① 그렇다면[244] 피고는 원고에게 위 차용금 5,000만 원과 이에 대하여 위 변제기 다음날 이후로서 원고가 구하는 바에 따라 2020. 10. 5.부터 다 갚는 날까지 연 15%의 약정 이율로 계산한 지연손해금을 지급할 의무가 있다.
따라서 원고의 청구는 이유 있으므로 인용한다.

② 그렇다면 이 사건 소유권이전등기의 말소를 구하는 원고의 청구는 이유 있으므로 인용한다.

③ 그렇다면 피고들은 원고에게 이 사건 건물 중 해당 점유부분을 인도할 의무가 있으므로, 원고의 청구를 인용한다.

244) 새로운 판결서 작성 방식에 의하면 '그렇다면'은 생략할 수 있다.

나) 이유 본문 부분에서 주문과 같은 정도의 구체적인 결론(예컨대, 금전청구의 경우에 원금과 부대금전 모두의 지급의무 등)의 설시가 이미 되어 있다면 결론 부분에서는 중복을 피하기 위해 아래와 같은 방법으로 설시하면 충분하다.

[기재례]

그렇다면 원고의 (이 사건) 청구를 인용한다.

2) 일부인용의 경우

가) 이유 본문에서 구체적인 결론을 설시하지 않았다면, 결론 부분에서 청구인용의 범위를 명확하게 특정 지우는 정도로 한정하여 설시하고, 나머지 청구를 기각한다는 표시를 부가한다.

[기재례]

그렇다면 피고들은 공동하여 원고에게 나머지 손해배상금 5,000만 원과 이에 대하여 불법행위일 이후로서 원고가 구하는 …부터 피고들이 이행의무의 존재 여부나 범위에 관하여 항쟁함이 타당하다고 인정되는 이 판결 선고일인 2021. 12. 2.까지는 민법에서 정한 연 5%, 그 다음날부터 다 갚는 날까지는 소송촉진 등에 관한 특례법에서 정한 연 12%의 각 비율로 계산한 지연손해금을 지급할 의무가 있다.[245]
따라서 원고의 피고들에 대한 이 사건 각 청구는 위 인정 범위 내에서 이유 있어 인용하고 각 나머지 청구는 이유 없어 기각한다.[246]

---

245) 좀 더 상세하게 다음과 같이 괄호 안에 설시해 주기도 한다.
기재례
「……부터 이 판결 선고일인 2021. 12. 2.까지는 …… 지급할 의무가 있으므로(원고는 이 사건 소장부본 송달 다음날부터 이 판결 선고일까지의 기간에 대하여도 위 특례법이 정한 비율로 계산한 지연손해금의 지급을 구하나, 피고들이 이 사건 이행의무의 존재 여부나 범위에 관하여 항쟁하는 것이 타당하다고 인정되므로 위 기간에 대하여는 위 특례법을 적용하지 않는다)」

246) '각'을 사용하는 범위에 대하여는 실무상 편차가 있다. 인용판결의 주문과 같이 집행기관이 집행을 함에 있어서 의문의 여지가 없을 정도의 명료성이 요구되는 경우에는 '각'이 적재적소에 사용되어야 하지만, 판결 이유 부분, 특히 결론 이외의 부분에서는 전체적인 맥락에 따라 이해가 가능하므로 각자의 견해에 따라 적절히 활용하는 정도면 족하다.

나) 이유 본문에서 구체적 결론설시가 이미 되어 있는 경우에는, 위 전부인용의 경우처럼 결론부분의 설시를 아래와 같은 방법으로 간단하게 설시할 수도 있다.

[기재례]

그렇다면 원고의 청구를 일부 인용한다.

3) 전부기각의 경우

가) 본문에서 청구원인사실 자체가 부정되었거나, 항변이 인용되었을 뿐 원고의 '청구 자체'에 대한 결론이 설시되지 않았다면, 결론에서 원고의 청구가 이유 없다고 기재하고 나서 기각한다는 설시를 한다.

[기재례]

그렇다면 원고의 이 사건 청구는 이유 없으므로 기각한다.

나) 반면, 본문에서 이미 원고의 청구가 이유 없다는 설시까지 되어 있다면 결론에서는 중복을 피하기 위해 아래와 같은 방법으로 설시하면 충분하다.

[기재례]

그렇다면 원고의 청구를 기각한다.

다. 특수한 경우

1) 다수 당사자에 대한 이종(異種)청구 병합의 경우

이 경우에는 보통 본문 부분에서 이미 항목이 나뉘어 각 청구별로 주문과 같은 정도의 구체적인 결론이 설시되어 있으므로, 결론 부분에서 중복하지 않고, 아래와 같은 방법으로 간단하게 설시하면 충분하다.

[기재례]

그렇다면 원고의 피고 甲에 대한 소는 각하하고, 피고 乙에 대한 청구는 인용하며, 피고 丙에 대한 청구는 일부 인용하고, 피고 丁에 대한 청구는 기각한다.

2) 금전지급청구 병합의 경우

하나의 불법행위(인신에 대한 사고)에 기한 여러 종류의 손해배상청구(소극적 손해, 적극적 손해, 정신적 손해) 또는 동일 당사자 사이의 여러 개의 금전거래로 인한 청구를 병합하여 인용하는 경우에는 합산액을 내야 하는바, 본문 부분에서 이미 합산액이 계산되어 있는 때에는 앞서 본 나.의 기본형에 따르면 되나, 그렇지 않을 때에는 결론 부분에서 간단히 계산을 표시하여야 한다.

[기재례]

그렇다면 피고는 원고에게 합계 25,153,916원(= 일실이익 20,000,000원 + 치료비 153,916원 + 위자료 5,000,000원) 및 이에 대한 …… 지연손해금을 지급할 의무가 있으므로 ……

3) 특수한 소송요건의 설시

가) 확인의 소에서 '확인의 이익', 장래이행의 소에서 '미리 청구할 필요', 채권자대위소송에서 '피보전권리의 존재'와 같은 특수한 소송요건은, 피고의 항변이 없더라도 판결의 소결론 또는 최종결론 부분에서 그것이 구비되었음을 간략하게 설시하는 것이 일반적인 실무례이다. 다른 소송요건의 경우에는 항변이 없는 이상 언급할 필요가 없다.

나) 다만, 지연손해금 등 부대청구나 변론종결 이후에 발생할 부당이득의 반환을 구하는 경우 등에 있어서는 성질상 장래이행의 소에 해당하지만 실무상 미리 청구할 필요에 관하여 따로 기재하지 않는다.

[기재례]

① 확인의 소에서 확인의 이익
「그렇다면 별지 목록 기재 토지는 원고의 소유임이 분명하고, 피고가 ……임을 들어 다투고 있어 그 확인을 구할 이익이 있으므로, 원고의 이 사건 청구는 이유 있어 인용하고 ……」

② 장래이행의 소에서 미리 청구할 필요
「그렇다면 피고는 변제기인 2021. 10. 1. 원고에게 차용금 10,000,000원을 변제할

의무가 있고, 피고가 위 변제기를 다투고 있는 이 사건에서는 미리 청구할 필요가 있으므로, 그 이행을 구하는 원고의 이 사건 청구는 이유 있어 인용하고 ……」

③ 채권자대위소송에서의 피보전권리의 존재

「그렇다면 피고 甲은 피고 乙에게 위 부동산에 관하여 주문 기재 소유권이전등기의 말소등기절차를 이행할 의무가 있고, 원고는 피고 乙의 채권자로서 피고 乙을 대위하여 그 이행을 구할 수 있으므로 ……」

제3장

판결서의 끝부분

제3장

판결서의 끝부분

1. 판결서 작성일

판결서 작성일은 민사소송법이 요구하는 필수적 기재사항이 아니라[제208조, 이 책 1장 1절 2. 가. 부분(4쪽) 참조] 대법원예규에 의하여 기재되고 있는 사항이었는데, 실무상으로는 판결서 작성 후 법원의 구성에 변경이 있는 등 특별한 경우를 제외하고는 판결선고일을 판결서 작성일로 의제하여 기재하는 것이 통례였다.

그러나 민사소송법 개정으로 판결선고일 및 판결영수일 부기제도가 폐지됨에 따라 '재판서 양식에 관한 예규(재일 2003-12)'가 개정되어, 선고하는 모든 판결의 주문 표시 윗줄에 판결선고일을 표시하도록 하고, 그 대신 위와 같이 판결선고일을 표시하는 판결에는 판결서 작성일을 생략하도록 하고 있다. 따라서 선고하는 판결의 경우에는 판결선고일만 표시하면 족하고 판결서 작성일은 별도로 기재할 필요가 없게 되었다.[247)]

2. 법관의 표시 및 서명날인

판결서에 서명날인하는 법관은 판결을 한 법관, 즉 기본이 되는 변론에 관여한 법관(제204조 제1항)이고, 판결선고를 하는 법관이 아니다. 판결선고는 기본이 되는 변론에 관여하지 아니한 법관에 의해서도 가능하다.

합의재판부의 경우, 법관이 판결에 서명날인함에 지장이 있는 때에는 재판장이, 재

247) 다만, 판결서 작성 후 법원의 구성에 변경이 생긴 때에는 실제 판결서 작성일을 기재할 필요가 있다고 볼 여지가 있으나, 이에 대하여 위 예규는 아무런 규정을 두지 않고 있다.

판장이 지장이 있는 때에는 서열이 가장 앞선 법관이, 서명날인란에 그 사유를 기재하고 서명날인한다[제208조 제4항, '재판서 양식에 관한 예규(재일 2003-12)'].[248]

[기재례]

① 재판장　　판사　김갑을　(서명)　㊞
　　　　　　판사　이을병　해외출장으로 서명날인 불능
　　　　　　　　　재판장　(서명)　㊞
　　　　　　판사　박병정　(서명)　㊞

② 재판장　　판사　김갑을　해외출장으로 서명날인 불능
　　　　　　　　　판사　(서명)　㊞
　　　　　　판사　이을병　(서명)　㊞
　　　　　　판사　박병정　(서명)　㊞

이는 판결의 합의에는 관여하였지만 서명날인함에 지장이 있는 경우의 편의규정이므로, 합의에도 관여하지 아니하였다면 제208조 제4항의 규정이 적용될 여지가 없어 판결 자체를 할 수 없다.

합의재판부의 경우, 두 법관이 서명날인함에 지장이 있을 때에는 나머지 한 사람의 법관이 그 사유를 기재하고 서명날인하면 되지만, 합의재판부의 법관 전원 또는 단독재판부의 법관이 서명날인함에 지장이 있을 때에는 판결서를 작성할 수 없으므로, 종결한 변론을 재개하여 새로운 재판부가 변론을 한 다음 판결하여야 한다.

248) 현재 법관이 재판서를 작성하는 때에는 행정전자서명 인증서에 의한 '사법전자서명'을 하고 있는데, 이는 민사소송 등에 적용되거나 준용되는 법령에서 정한 서명, 서명날인 또는 기명날인으로 간주된다(민사소송 등에서의 전자문서 이용 등에 관한 법률 제7조 제2항, 제3항, 민사소송 등에서의 전자문서 이용 등에 관한 규칙 제7조 제2항).

3. 별지로 첨부하는 서면 등

판결서 작성상의 편의 또는 읽는 사람의 이해의 편의를 도모하기 위하여 주문이나 이유 중에서 일정한 사항을 분리하여 별지로 작성하고 주문이나 이유 등에서는 이를 인용하는 경우가 많다. 예컨대, 수개의 목적물의 목록, 목적물의 평면도 등 도면, 복잡한 수식을 기재한 계산서, 종중 등의 구성을 설명하기 위한 가계도, 토지의 분합·지목변경·환지 등을 일목요연하게 설명하기 위한 분할경위표 등을 들 수 있다.

이들은 주문이나 이유 등의 일부를 이루는 것이므로 그 자체가 정연하게 작성되어야 할 뿐 아니라(당사자가 제출한 목록을 그대로 이용하는 경우 판결 본문의 체제와 부합하지 않는 수가 흔히 있다), 같은 종류가 여러 개일 때는 번호를 붙이고(제1목록, 제2목록 등), 인용을 통한 본문과의 연결에서도 비논리적인 점이 없도록 세심한 주의가 필요하다.

별지를 작성할 때에는 「목록」, 「부동산의 표시」, 「도면」, 「계산서」, 「가계도」, 「분할경위도」, 「제1도면」, 「제2도면」 등 적절한 제목을 붙이고(별지 자체에 「'별지' 목록」이라고까지 표시하여서는 아니 된다), 그 내용의 기재가 끝난 다음에는 나중에 그 기재사항을 무단히 추가하지 못하도록 말미에 「끝.」이라는 기재를 한다['재판서 양식에 관한 예규(재일 2003-12)'].

본문에서 별지를 인용할 때에는 「별지 목록」, 「별지 계산서」, 「별지 도면」 등으로 지칭한다. 구체적인 설시에서도 도면일 때는 「별지 도면 표시 ㉮ 부분」의 식으로, 그 밖의 경우는 「별지 목록 기재 (1) 부동산」, 「별지 계산서 (2)항 기재와 같이 ……」 등으로 표현하는 것이 관례이다.

제4장

바람직한 판결서 문장

제4장

바람직한 판결서 문장

1. 들어가는 말

판결서는 결론과 이를 뒷받침하는 논리전개과정을 정확·명료하고 간결하며 읽기 쉽게 작성하는 것이 바람직하다. 바람직한 판결서 문장을 작성하기 위한 방법을 다음과 같이 나누어 살펴본다.

2. 정확하고 명료하게 작성하기[249)]

가. 정리하기

사실관계, 당사자의 주장, 쟁점, 판단을 잘 정리하여 판결서를 작성한다.

나. 정확한 문장 작성하기

1) 정확한 단어를 사용한다.

2) 모호한 내용이나 불필요한 내용이 없도록 작성한다.

3) 6하원칙에 따라 문장을 작성한다. 다만, 6하원칙에 따라 작성한 문장이 어색하거나 자연스럽지 못한 경우에는 단어, 문장의 배열을 달리하거나 필요 없는 부분을 생략하여 문장의 의미를 정확하게 전달한다.

4) 두괄식 문장으로 작성한다.

---

249) 새로 쓰는 민사판결서, 25~29쪽

주제 문장이 문단의 맨 앞에 나오고 부연·설명하는 문장이 이어지는 두괄식 문장 구성이 독자에게 내용을 명확하고 정확하게 전달하는 데 효과적이다. 따라서 당사자의 주장이나 판단 내용을 쓸 때에는 핵심내용이나 주제 문장을 먼저 쓰고 부연하는 것이 좋다.[250]

5) 여러 쟁점을 한꺼번에 쓰려고 하거나 너무 많은 정보를 포함하여 작성하지 않는다.

6) 법령에서 사용되는 용어와 문장을 참고하여 작성한다.

3. 간결하게 작성하기[251]

가. 간결한 문장

1) 짧은 문장을 사용한다.[252]

가) 짧은 문장을 작성하기 위해 한 문장은 되도록 3~4줄을 넘지 않는다.

나) 길고 복잡한 복문은 여러 개의 문장으로 나누어 쓴다.

다) 하나의 문장은 하나의 생각을 담는다.

라) 짧은 문장을 위한 실천사항

(1) 「원고는 ……라고 주장하나, ……」는 표현은 「원고는 ……라고 주장한다. 그러나 ……」로 바꾼다. 「그러나」, 「따라서」, 「한편」 등의 접속부사를 사용하여 짧은 문장으로 쓰되, 남용하는 것은 바람직하지 않으므로 절제하여 쓴다.

(2) 한 문장 안에 접속어미(예: ……하였고, ……하였으며, ……있고, ……이므로, ……이지만, ……로서, ……것인바)로 이어진 문장이 있을 때, 이어진 문장을 끊고 새로운 문장으로 자연스럽게 연결하여 쓸 수 있는지 검토한다.

(3) '……점, ……점, ……점 등에 비추어 보면 ……라고 할 것이다'는 문장구조를 쓰면 문장 내용이 길어 일명 '시루떡 문장'이 될 수 있으므로, 두괄식 구조로 문장을 끊어 쓸 수 있는지 검토한다.

---

250) 실무에서는 글의 중심 내용이 앞부분과 끝부분에 반복하여 나타나는 양괄식 문장구성을 사용하기도 한다.

251) 새로 쓰는 민사판결서, 29~39쪽

252) 「판결서 작성방식의 개선을 위한 참고사항」 제1의 가항 참조

(4) 「……ㄴ바/는바」라는 표현을 사용하면 문장이 길어질 수 있으므로 사용을 절제한다.

2) 필요 없는 단어는 생략한다.

해지할 수 있다고 할 것이다. → 해지할 수 있다. ……라고 봄이 상당하다. → ……라고 본다(……라고 봄이 옳다). ……에 대하여 이를 다툴 수 없다. → ……을 다툴 수 없다. 민사재판에 있어서의 → 민사재판에서 임차인으로서의 지위 → 임차인의 지위 명의자에게로의 등기 → 명의자의 등기

3) 특정·한정을 위한 수식어구를 절제한다.

특정과 한정에 사용되는 수식어구인 "위, 그, 해당, 이 사건" 등을 자꾸 반복하는 것은 사족에 불과하므로 사용을 절제하여야 한다.

나. 제목 활용하기

판결서 내용을 파악하기 쉽고 상급심에서 인용할 때 편리하도록 번호와 제목을 활용한다(「판결서 작성방식에 관한 권장사항」제3조 제2항).[253] 특히 제2방식의 판결서 체제를 이용할 경우에는 제목과 번호가 보다 더 필요하다. 판단 항목에서 쌍방 당사자의 주장에 적절한 제목을 붙여 설시하는 것이 판결내용을 쉽고 빠르게 이해하는 데 도움이 되며, 속심구조로 되어 있는 항소심에서 1심판결을 원용하는 이른바 인용판결을 쓸 경우[254] 인용할 해당부분을 쉽게 지적할 수 있어 편리하다.

---

253) 법원사무관리규칙 시행내규는 항목의 구분 기호에 관하여 『1., 가., 1), 가), (1), (가), ①, ㉮)』의 순서에 의하도록 규정하고 있으나, 실무에서는 시각적 구별을 쉽게 하기 위하여 『1., (1), ①』등의 순서로 쓰는 예도 종종 있다.

254) "항소심 판결서의 이유는 제1심판결의 이유와 취지를 같이하는 한 그 전부 또는 일부를 인용함을 원칙으로 한다."(「판결서 작성방식에 관한 권장사항」 제15조 제1항)

[예시1 – 무단전대와 임대차해지로 인한 인도청구의 이유구성]

1. 인정사실
  가. 임대차계약 체결
  나. 피고 이을남의 전대차
  다. 피고 김갑동의 차임연체
  라. 원고의 임대차계약 해지
2. 판단
  가. 피고들의 인도 및 금원지급의무
  나. 피고 김갑동의 동시이행항변
3. 결론

[예시2 – 대리/표현대리/사용자책임의 이유구성]

1. 원고의 금전대여
2. 피고의 대리차용 여부
3. 민법 126조의 표현대리 여부
4. 피고의 사용자책임
  가. 사용자책임 인정
  나. 과실상계
5. 결론

4. 읽기 쉽게 작성하기

가. 어법에 맞는 자연스러운 문장을 쓴다.[255)]

비문(非文)이나 번역체의 어색한 문장은 판결의 권위와 품위를 떨어뜨릴 뿐만 아니라 심한 경우 의미 전달조차 어렵게 만든다. 판결서에 나타나는 사례들을 열거하면 아래와 같고, 다음과 같이 고쳐 사용할 것을 권장한다.

---

255) 새로 쓰는 민사판결서, 39~42쪽

1) '……되다' 식의 수동표현 남용 피하기

○ 상소기간의 준수 여부는 원고들마다 따로 *판단되어야* 한다. → 판단하여야 한다.
○ 원고는 …… 동의하였다고 *보여진다*. → 본다.
○ 원심은 어느 하나의 권리를 침해하는 행위는 저작권법의 제한적 열거주의에 비추어 다른 권리를 침해하는 *행위로 될 수 없다*고 판시하였으나 → 행위에 해당하지 않는다
○ 방조행위가 정범의 구성요건 실현에 원인이 될 것을 요하는가가 *문제로 되나*, 이를 긍정하는 것이 일반적이다. → 문제인데

2) '……에 대해서', '……에 관해서', '……에 있어서', '……에 의하여', '……에서의', '……으로서의'의 남용 피하기

○ 통지 당시 존재하던 하자*에 대해서만* 적용 → 통지 당시 존재하던 *하자에만* 적용
○ 민사재판*에 있어서의* 관련 형사판결의 증명력 → 민사재판*에서* 관련 형사판결의 증명력
○ 채무자가 사해행위*에 의하여* 비로소 채무초과상태에 이르게 되는 경우 → 채무자가 사해행위*로 인하여* 비로소 채무초과상태에 이르게 되는 경우
○ 종교단체 *내에서의* 지위 → 종교단체 *내의* 지위
○ 인터넷 사이트*에서의* 공지방법 → 인터넷 *사이트를 통한* 공지방법
○ 운송인*으로서의* 책임 → 운송인*의* 책임 / 임차인*으로서의* 지위 → 임차인*의* 지위

3) 조사 '의'의 남용 피하기

○ 주격 조사로 대체해야 하는 경우

- 부부 중 일방의 타방에 대한 권리는 *혼인관계의 종료한 때로부터* 6월 내에는 소멸시효가 완성하지 아니한다(2011. 3. 7. 법률 제10429호로 개정되기 전의 구 민법 제180조 제2항). → 부부 중 한쪽이 다른 쪽에 대하여 가지는 권리는 *혼인관계가 종료된 때부터* 6개월 내에는 소멸시효가 완성되지 아니한다(현행 민법 제180조 제2항).
- 저작재산권은 이 관에 특별한 규정이 있는 경우를 제외하고는 *저작자의 생존하는 동안*과 사망 후 50년간 존속한다(2011. 6. 30. 법률 제10807호로 개정되기 전의 구 저작권법 제39조 제1항 본문). → 저작재산권은 이 관에 특별한 규정이 있는 경우를 제외하고는 *저작자가 생존하는 동안*과 사망한 후 70년간 존속한다(현행 저작권법

제39조 제1항).

○ 삭제하거나 다른 조사 등으로 대체해야 하는 경우

- 법률행위*의* 당시 → 법률행위 당시
- 시기*의* 약정이 없는 경우 → 시기 약정이 없는 경우
- 당사자가 법인*의* 경우에는 → 당사자가 법인*인* 경우에는
- 급여*의* 지급을 위하여 → 급여*를* 지급하기 위하여
- 지역권*의* 행사를 위하여 → 지역권*을* 행사하기 위하여
- 변제로서의 타인의 물건*의* 인도 → 변제로서 타인의 물건*을* 인도
- 외국으로부터*의* 관련 상품 수입이 → 외국으로부터 관련 상품을 수입하는 것이

4) 명사구 중심의 표현을 동사 중심으로 바꾸기

○ *법률행위를 함에는* → *법률행위를 하는 경우에는*

○ *감금·치료함에는* → *감금하여 치료하는 경우에는*

○ *대리권 없음*을 안 때에는 → *대리권이 없다는 사실*을 안 때에는

○ *영업양도가 있다*고 볼 수 있다. → *영업양도를 하였다*고 볼 수 있다.

○ 해고 경위에 대한 *충분한 고려가 없는* 결정 → 해고 경위를 *충분히 고려하지 않은* 결정

5) '……에'를 오용하지 않기

○ 체납처분이 종결되고 체납액에 충당된 배분금액이 그 *체납액에 부족한 때* → 체납액보다 적을 때

○ 직업안정기관의 장은 *보험에 관계있는* 자의 청구가 있는 경우에는 → 보험과 관계있는

6) 기타

○ 위치하다 → 있다 / 자리 잡다

○ ……를 결여하다 → ……이 없다

○ ……라고 하겠다 → ……이다

○ 다름아니다 → 다름없다 / 마찬가지다

나. 불필요한 상투적 문구 등은 사용을 절제한다.

판결내용을 이해하는 데 필요 없는 상투적인 문구(예: 살피건대, 이 사건에서 보건대, 위 인정사실에 의하면, 특별한 사정이 없는 한[256])는 꼭 필요한 경우가 아니면 사용을 절제하는 것이 좋다.

[예시1]

[상투적 문구 등을 사용한 경우]

위 인정사실에 의하면 원고는 피고가 2019. 7. 1.부터 차임의 지급을 연체하였음을 이유로 이 사건 임대차계약을 해지할 수 있다 할 것이고, 그 해지의 뜻을 담은 이 사건 소장 부본이 피고에게 2020. 5. 12. 송달되었음이 기록상 명백하므로 그로써 이 사건 임대차계약은 적법하게 해지되었다고 할 것이다.

[상투적 문구 등을 자제한 경우]

(위 인정사실에 의하면) 피고가 2019. 7. 1.부터 차임을 지급하지 않은 이상 이 사건 임대차계약은 원고의 해지통고로 인하여 이 사건 소장이 피고에게 송달된 2020. 5. 12. 해지되었다.

[예시2]

[상투적 문구 등을 사용한 경우]

피고는 별지 목록 기재 중기에 관하여 이를 점유할 다른 적법한 권원에 대한 주장·증명이 없는 이상 원고에게 인도할 의무가 있다 할 것이다.

[상투적 문구 등을 자제한 경우]

피고는 원고에게 별지 목록 기재 건설기계를 인도할 의무가 있다.

다. 어려운 한자어, 일본식 용어의 사용을 지양한다.

1) 어려운 한자어나 일본어식 문투 내지 용어의 사용을 지양하고, 일반인에게 다소 낯설고 어려운 용어보다는 친숙하고 쉬운 용어로 고쳐 표현하는 것이 바람직하다. 예컨대 '기왕증'은 '과거의 병력'으로, '이유 없다'는 '인정할 수 없다'로, '완제일'은 '(다)

256) 새로 쓰는 민사판결서, 38쪽

갚는 날'로, '선해하다'는 '……한 취지로 이해한다'로 고쳐서 표현하는 것을 권장한다.[257)]

2) 「소외」, 「신청외」, 「~법 소정의」 등의 표현을 자제한다.

> ○ 소외 홍길동 ⇒ 홍길동
> ○ 소외 주식회사 가나산업(이하 '소외회사'라 한다) ⇒ 주식회사 가나산업(이하 '가나산업'이라 한다)
> ○ 민법 소정의 연 5푼 ⇒ 민법이(에서) 정한 연 5%

3) 판결서에서 법령을 인용할 경우 해당 법령에서 개정되거나 순화된 용어를 사용한다.

가) 민사소송법에서 개정되거나 순화된 용어

> ○ '……에 의하여' → '……에 따라'
> - '신청에 따라'(28조 1항, 128조 1항 등)
> - '……의 규정에 의하여' → '……의 규정에 따라'(134조 2항, 137조, 189조 등)
> - '판결원본에 의하여' → '판결원본에 따라'(206조)
> - "기간의 계산은 민법에 의한다." → "기간의 계산은 민법에 따른다."(170조)
> - 예외 : '재판에 의하지 아니하고'(114조)
>
> ○ '……에 의하여' → '……을 기준으로'
> - "그 가액은 소로써 주장하는 이익에 의하여 산정한다."
> → "그 값은 소로 주장하는 이익을 기준으로 계산하여 산정한다."(26조 1항)
>
> ○ '……에 대하여' → '……에게'
> - '수인에 대하여'(구법 22조 2항) → '여러 사람에게'(25조 2항)
> - '공동소송인의 전원에 대하여'(구법 63조 1항) → '공동소송인 모두에게'(67조 1항)
> - '출석한 자에 대하여는'(구법 154조) → '출석한 사람에게는'(167조 1항)
>
> ○ '자' → '사람'

257) 새로 쓰는 민사판결서, 46쪽

- '배우자이었던 자'(구법 37조 1호) → '배우자이었던 사람'(41조 1호)
- '출석한 자에 대하여는'(구법 154조) → '출석한 사람에게는'(167조 1항)

○ '…… 내' → '…… 이내'

- '3일 내에'(구법 40조 2항) → '3일 이내에'(44조 2항)
- '2주일 내에'(구법 239조 6항, 366조 1항) → '2주 이내에'(266조 6항, 396조 1항)

○ 의제자백(구법 139조) → 자백간주(150조)

○ 책문권(구법 140조) → 소송절차에 관한 이의권(151조)

○ 필요적 공동소송(구법 63조 이하) → 필수적 공동소송(67조 이하)

○ 필요적 환송(구법 388조) → 필수적 환송(418조)

○ 재판의 탈루(구법 198조) → 재판의 누락(212조)

○ 제소(구법 52, 226, 238조) → 소제기(56조 1항, 248조, 265조)

○ 출소기간(구법 462조) → 소제기기간(491조)

○ 요하다(구법 106조, 261조) → 필요로 하다(116조 1항, 288조)

○ 추완(구법 160조) → 추후보완(173조)

○ 채부(구법 263조) → 채택 여부(290조)

○ 허부(구법 67조, 318조) → 허가 여부(73조, 347조)

○ 특칙·특별수권(구법 52조) → 특별규정·특별한 권한을 받다(56조)

○ 수권(구법 47조) → 권한의 수여(51조)

○ 구하다 → 청구하다

○ 불능(구법 223조) → 불가능(245조)

○ 소가(구법 23조, 24조) → 소송 목적의 값(26조, 27조, 민사소송 등 인지법 2조 1항)

○ 채무명의(구법 122조 등) → 집행권원(132조 2항)

○ 자격을 상실한(구법 87조 2항) → 자격을 잃은(96조 2항)

○ 소송비용 부담: "피고의 부담으로 한다." → "피고가 부담한다."

○ 변론의 전취지(구법 187조) → 변론 전체의 취지(202조)

○ 입증책임 → 증명책임

나) 민사집행법에서 개정되거나 순화된 용어

○ 경락 → 매각
○ 경락대금 → 매각대금(법 124조 1항)
○ 경락허가결정 → 매각허가결정(법 128조)
○ 경매조서 → 매각기일조서(법 116조 등)
○ 경매물건명세서 → 매각물건명세서
○ 계쟁, 계쟁물 → 다툼이 있는, 다툼의 대상
○ 공부 → 공적 장부(법 177조 2항)
○ 구술 → 말, 말로 함(법 28조 3항, 35조 2항)
○ 당부 → 옳고 그름(법 27조 1항)
○ 도과하다 → 넘기다(법 46조 5항)
○ 등재하다 → 올리다(법 70조 1항, 71조 1항)
○ 면하다 → 벗다(법 115조 3항, 142조 6항)
○ 물상담보권 → 물적 담보권(법 224조 2항)
○ 병합하여 → 함께(법 228조 1항)
○ 소환 → 출석요구(법 64조 1항)
○ 수취하다 → 빼앗다(법 257조, 258조 1항)
○ 의제 → 간주(법 158조)
○ 잉여 → 남을 것(법 102조 1항, 188조 3항)
○ 임의경매 → 담보권 실행 등을 위한 경매(법 264~275조)
○ 쟁의 → 다툼(법 300조)
○ 채무명의 → 집행권원(법 41조 등)
○ 판결에 기한 강제집행 → 판결에 기초한 강제집행(법 24조)
○ 하자 → 흠(법 121조 5호)
○ 해태 → 게을리 하다, 소홀(법 239조)

라. 말하듯 쓴다.

판결서는 법정에서 당사자에게 구두로 결론을 설명하는 것을 갈음하는 기능을 하는 것이므로, 당사자에게 말하듯 구체적으로 친숙한 용어를 사용하여 읽기 쉬운 판결서를 작성해야 한다. 사실인정과 관련하여서는, 국민들이 일상의 대화에서 흔히 사용하는 낯익은 단어를 익숙한 방법으로 배열하여 증거로 인정되는 사실관계를 선명하게 그려낼 필요가 있다. 또한 법률판단과 관련하여서는, 힘 있는 단어와 간결한 문장으로 누가 읽더라도 결론에 해당하는 판단 내용을 달리 해석할 여지가 없이 명료하게 제시할 필요가 있다.

마. 도표, 그림, 사진 등을 활용한다.

도표, 그림, 사진 등 시각 자료는 읽기 쉬운 판결서를 작성하기 위한 효과적인 수단이 된다. 동종의 계약관계가 여러 개 병존하거나 계산이 복잡한 경우 등에는 도표를 활용하여 사실관계를 정리하고 계산과정을 요약할 수 있다. 건설사건 등에서 다수의 하자에 대한 주장을 정리하거나 사실판단을 요약할 때 도표가 효과적으로 활용될 수 있다. 또한 복잡한 기계 구조, 건물 평면 등은 그림이나 사진을 활용하여 설명을 보충할 필요가 있다.

바. 숫자, 부호 등의 표시

1) 숫자는 아라비아 숫자를 사용하는 것이 원칙이지만(법원사무관리규칙 제10조 제2항), 혼동의 여지를 줄이고 읽기 쉽도록 하기 위하여 필요한 경우 한글을 혼용하는 것도 무방하다(「판결서 작성방식에 관한 권장사항」 제3조 제3항). 다만 같은 판결 내에서는 가능한 일관된 방식으로 표기하는 것이 바람직하다.

2) ㎞·㎡·㎏·% 등 각종 단위는 부호 그대로 표기하되, 필요한 경우에는 한글로 표기할 수도 있다(「판결서 작성방식에 관한 권장사항」 제3조 제4항).

3) 할푼리 방식에 의한 이율 표기, 분할비율의 적시 내지 소송비용 분담률의 표기는 % 또는 분수로 쓰는 것이 좋다.

4) 날짜와 기간의 표기

가) 「같은 해」, 「같은 달」 등의 표현보다는 해당 연월을 숫자로 특정하여 표시하는 것이 간명하다. 예컨대 "2000. 1. 15."과 같이 온점으로 연월일을 대신하는 경우 "같은 해 6.경" 등의 표현은 어색할 뿐 아니라 의미가 불분명하므로 피하는 것이 바람직하다.

나) 기간 표기에 있어 「그 다음날부터」와 같은 표현도 구체적인 일자로 특정하는 방식을 적극 사용하는 것이 좋다.

다) 「소장 송달 다음날임이 기록상 명백한」 또는 「판결 선고일인」과 같이 일자의 성격을 부기할 필요가 있는 경우에 본문 속에 풀어쓰는 것이 종전의 일반적 설시방식이나, 경우에 따라서는 그 일자의 성격에 관한 설명은 괄호 속에 부기하는 방식을 이용할 수도 있다.

5) 관행적으로 부가하는 표현 등

금액 앞의 「금」 등 관행적으로 부가하는 표현은 생략해도 무방하고, 법조항 표시의 「제」 기재를 생략하는 실무례도 있다.

[예시 – 숫자·부호 및 일시의 표기]

○ "금 50,000,000원" ⇒ "5,000만 원" 또는 "5천만 원"
○ "시가 금 123,450,000원" ⇒ "시가 1억 2,345만 원"
○ "100 평방미터" ⇒ "100㎡"
○ "2013. 3. 1.부터 같은 해 7. 20.까지는 연 1할 3푼 5리, 그 다음날부터 같은 해 9. 25.까지는 연 1할 9푼 5리, 그 다음날부터 완제일까지는 연 2할의 각 비율" ⇒ "2013. 3. 1.부터 2013. 7. 20.까지는 연 13.5%, 2013. 7. 21.부터 2013. 9. 25.까지는 연 19.5%, 2013. 9. 26.부터 갚는 날까지는 연 20%의 각 비율"
○ "손해발생일 이후로서 원고가 구하는 바에 따라 소장이 피고에게 송달된 다음날임이 기록상 명백한 2009. 10. 15.부터 이 판결 선고일인 2010. 2. 10.까지는 민법 소정의 연 5푼" ⇒ "2009. 10. 15.(손해발생일 이후로서 원고가 구하는 소장 송달 다음날)부터 2010. 2. 10.(이 판결 선고일)까지는 민법이 정한 연 5%"

○ "소송비용은 이를 4분하여 그 1은 ……" ⇒ "소송비용 중 1/4은 ……" 또는 "소송비용 중 25%는 ……"
○ "같은 해 7.경" ⇒ "같은 해 7월경"
○ "민사소송법 제451조 제1항 제11호" ⇒ "민사소송법 451조 1항 11호"

사. 판결서의 분량을 줄이기 위한 노력도 필요하다.

먼저, 기초사실에는 당사자나 일반인들의 이해를 돕기 위한 범위에서 필요 최소한의 내용만을 기재해야 한다. '기초사실'에서 장황하게 사실인정을 한 다음 '판단' 부분에서 「앞서 본 …… 사실에 비추어 보면」 등의 방식으로 기초사실을 다시 인용하는 일은 지양해야 한다.

다음으로, 장황한 법리 설시를 피해야 한다. 대법원 판례 등 법리를 설시하는 경우에는 사안과 직접 관련이 있는 핵심 내용만을 설시해야 하며, 사안과 직접 관련이 없는 부분을 함께 설시하거나 법적 논증을 길게 전개하는 판결요지를 그대로 설시하는 것은 부적절하다.

마지막으로, 증거의 신빙성 판단은 변론과정에서 쟁점이 되어 치열하게 다투어지지 않는 이상 간략히 설시하는 것이 바람직하다. 증거의 신빙성이 없다고 배척하는 경우에는 상대적으로 배척 사유를 상세히 설시할 필요가 있으나, 증거의 신빙성을 인정하는 경우에는 특별한 사정이 없는 한 장황하게 설명할 필요는 없다.

법률실무총서
민사판결서작성론(이유편)

2024年 9月 30日 印 刷
2024年 9月 30日 發 行

編 著 사법연수원
發行處 사법발전재단

서울특별시 서초구 서초대로 219
전화 02) 3480-1309
팩스 02) 533-4074

ISBN ISBN : 979-11-6086-112-9
13360

가격 : 13,000원